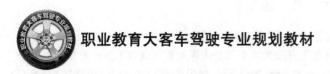

职业教育大客车驾驶专业规划教材

大客车电气设备

交通运输部运输服务司　组织编写
蒋志伟　凌　晨　主　编

人民交通出版社股份有限公司
China Communications Press Co.,Ltd.

内 容 提 要

本书为职业教育大客车驾驶专业规划教材之一,根据交通运输部办公厅、教育部办公厅、公安部办公厅、人力资源社会保障部办公厅联合下发的《关于开展大客车驾驶人职业教育试点工作的通知》(厅运字〔2014〕100号)编写而成。本书主要内容包括:电源系统,起动系统,照明系统,仪表、信号、报警与电气喇叭系统,辅助电气系统,空调系统,CAN总线,电气设备线路。

本书为大客车驾驶专业的核心教材,也可作为道路客运驾驶人素质提升的培训用书和参考用书。

图书在版编目(CIP)数据

大客车电气设备/蒋志伟,凌晨主编.—北京:人民交通出版社股份有限公司,2017.7
职业教育大客车驾驶专业规划教材
ISBN 978-7-114-13860-7

Ⅰ.①大… Ⅱ.①蒋… ②凌… Ⅲ.①公共汽车—电气设备—职业教育—教材 Ⅳ.①U469.13

中国版本图书馆 CIP 数据核字(2017)第 117485 号

职业教育大客车驾驶专业规划教材

书　　名:	大客车电气设备
著 作 者:	蒋志伟　凌　晨
责任编辑:	郭　跃
出版发行:	人民交通出版社股份有限公司
地　　址:	(100011)北京市朝阳区安定门外外馆斜街3号
网　　址:	http://www.ccpress.com.cn
销售电话:	(010)59757973
总 经 销:	人民交通出版社股份有限公司发行部
经　　销:	各地新华书店
印　　刷:	北京虎彩文化传播有限公司
开　　本:	787×1092　1/16
印　　张:	11.75
字　　数:	266千
版　　次:	2017年7月　第1版
印　　次:	2023年8月　第2次印刷
书　　号:	ISBN 978-7-114-13860-7
定　　价:	28.00元

(有印刷、装订质量问题的图书,由本公司负责调换)

职业教育大客车驾驶专业规划教材
编写委员会

（按姓氏笔画排列）

王　杨　　乔士俊　　祁晓峰　　李　斌

李　勤　　吴晓斌　　张开云　　张则雷

周　铭　　徐新春　　翁志新　　郭　跃

凌　晨　　蒋志伟　　解　云　　戴良鸿

前 言
FOREWORD

为进一步贯彻落实《国务院关于加强道路交通安全工作的意见》(国发〔2012〕30号)的有关要求,"将大客车驾驶人培养纳入国家职业教育体系,努力解决高素质客运驾驶人短缺问题",经交通运输部、教育部、公安部和人力资源社会保障部共同研究,于2014年07月29日发文《关于开展大客车驾驶人职业教育试点工作的通知》(厅运字〔2014〕100号),决定在江苏、安徽、云南三省各选取一至两所具备资质的职业技术学院、高级技工学校,开展大客车驾驶人职业教育试点工作。为了认真落实通知精神,提升大客车驾驶人职业教育的办学水平,人民交通出版社受交通运输部委托,特组织试点院校编写职业教育大客车驾驶专业规划教材,以供本专业教学使用。

本套教材总结了全国交通高级技工学校、技师学院多年的专业教学经验,结合道路客运企业对大客车驾驶人的特殊要求,注重以学生就业为导向,以培养能力为本位,教材内容符合大客车驾驶专业教学改革精神,适应道路客运企业对大客车驾驶技能型紧缺人才的要求。本套教材中部分教材内容是在江苏汽车技师学院《大客车驾驶专业教学标准和课程标准》研究课题的课程体系框架下确定的。本套教材具有以下特色:

1. 按照交通行业职业技能规范和国家职业资格标准构建课程体系和教材体系。本套教材遵循大客车驾驶学制培养的具体要求,为贯彻国家职业资格标准,保证提高大客车驾驶专业学生的技术素质和服务质量奠定了良好的基础。

2. 本套教材注重实用性,体现先进性,保证科学性,突出实践性,贯穿可操作性,反映了汽车工业的新知识、新技术、新工艺和新标准,其工艺过程尽可能与当前生产情景一致。

3. 本套教材体现了汽车驾驶高级工应知应会的知识技能要求,更注重了汽车驾驶传统经验与现代大客车技术的有机结合。

4. 本套教材文字简洁,通俗易懂,以图代文,图文并茂,形象直观,形式生动,容易培养学生的学习兴趣,提高学习效果。

《大客车电气设备》为本套教材之一,主要内容包括:电源系统,起动系统,照明系统,仪表、信号、报警与电气喇叭系统,辅助电气系统,空调系统,CAN 总线,电气设备线路。

本书由江苏汽车技师学院蒋志伟、凌晨担任主编,凌晨负责统稿。绪论、第八章由江苏汽车技师学院蒋志伟编写,第一章、第二章由江苏汽车技师学院凌晨编写,第三章、第四章、第七章由江苏汽车技师学院魏垂浩编写,第五章由江苏汽车技师学院史赛赛编写,第六章由杭州技师学院宁振华编写。

限于编者水平,加之大客车驾驶专业在全国已停办数年,书中难免有不当之处,敬请广大院校师生提出意见和建议,以便再版时完善。

编写委员会
2017 年 3 月

目 录
CONTENTS

绪论 ··· 1
第一章　电源系统 ·· 3
 第一节　蓄电池的结构与工作原理 ·· 3
 第二节　蓄电池的容量及影响因素 ··· 12
 第三节　交流发电机的结构与工作原理 ··· 13
 第四节　电压调节器的结构与工作原理 ··· 23
 第五节　常见交流发电机的结构 ·· 25
 第六节　电源系统的控制电路 ··· 28
第二章　起动系统 ··· 31
 第一节　起动机的结构与工作原理 ··· 31
 第二节　减速型起动机的结构与工作原理 ······································· 39
 第三节　起动系统的控制电路 ··· 41
第三章　照明系统 ··· 45
 第一节　照明系统概述 ·· 45
 第二节　前照灯结构与工作原理 ·· 49
 第三节　照明系统的控制电路 ··· 56
第四章　仪表、信号、报警与电气喇叭系统 ·· 62
 第一节　仪表的结构与工作原理 ·· 62
 第二节　信号系统的结构与工作原理 ·· 72
 第三节　报警系统的结构与工作原理 ·· 85
 第四节　仪表台控制面板介绍 ··· 91
 第五节　电气喇叭的结构与工作原理 ·· 96
第五章　辅助电气系统 ··· 99
 第一节　风窗刮水、洗涤装置的结构与工作原理 ······························ 99
 第二节　电动后视镜的结构与工作原理 ··· 106
 第三节　电动座椅的结构与工作原理 ·· 107
 第四节　除霜装置的结构及控制电路 ·· 111

第五节　乘客门控系统结构与工作原理 ………………………………… 112
第六章　空调系统 ……………………………………………………………… 121
　　第一节　空调系统概述 …………………………………………………… 121
　　第二节　空调取暖装置的结构及工作原理 ……………………………… 123
　　第三节　空调制冷系统的结构及工作原理 ……………………………… 127
　　第四节　空调通风与净化系统 …………………………………………… 132
　　第五节　空调控制系统 …………………………………………………… 137
第七章　CAN 总线 ……………………………………………………………… 143
　　第一节　CAN 总线基础知识 ……………………………………………… 143
　　第二节　客车 CAN 总线介绍 ……………………………………………… 146
第八章　电气设备线路 ………………………………………………………… 154
　　第一节　导线及线束 ……………………………………………………… 154
　　第二节　开关、电路保护器、继电器及连接器 ………………………… 164
　　第三节　客车电器线束介绍 ……………………………………………… 170
　　第四节　汽车电路图的识读 ……………………………………………… 172
参考文献 ………………………………………………………………………… 180

绪 论

随着汽车技术的发展,汽车已经不再是单纯的运输工具,它正向着高速、安全、经济、舒适、环保、智能化、人性化发展,而这都需要大量的电气技术来实现。电气设备是大客车的重要组成部分,其性能的好坏直接影响汽车的动力性、经济性、可靠性、舒适性及环保性。本书系统介绍汽车电气设备尤其是大客车相关电气设备的作用、类型、结构与工作原理等理论知识,为大客车驾驶人安全、高效、熟练地驾驶大客车打下良好的理论知识基础。

一、大客车电气系统的组成与作用

大客车电气系统按照区域和按照功能来划分有不同的组成部分,下面分别作介绍。

(一)按照区域归纳

大客车电气系统按照区域归纳起来由三大块组成:底盘电气系统、驾驶区电气系统和顶架电气系统。

1. 底盘电气系统

底盘电气系统包括底盘线束、起动机、发电机、蓄电池、各种传感器。有的底盘带有 ECU 和缓速器控制盒、后起动控制盒。

2. 驾驶区电气系统

驾驶区电气系统包括组合仪表、翘板开关、组合开关和中央控制盒等。

3. 顶架电气系统

顶架电气系统包括顶灯、阅读灯及顶架线束、阅读灯线束及电子钟、卫生间显示牌等。

(二)按照功能归纳

大客车电气系统按照功能归纳起来主要由三部分组成:电源部分、用电设备部分和线束部分组成。

1. 电源部分

电源部分也称为充电系统,包括蓄电池、发电机、调节器及充电指示装置。其主要作用是给汽车各用电设备提供低压直流电能。

2. 用电设备部分

大客车上用电设备很多,归纳起来主要有以下几个部分。

(1)起动系统。起动系统包括起动机、组合继电器和起动开关。其作用是用于起动发动机。

(2)照明系统。照明系统包括汽车内外各种照明灯、检修灯及其控制装置,用来保证夜间行车安全。

(3)信号系统。信号系统包括声、光信号及各种行车信号标识灯,如电喇叭、转向灯、制动灯、机油压力报警等都属于该系统,用来保证车辆运行时的人车安全。

(4)仪表系统。仪表系统包括各种电器仪表(冷却液温度表、燃油表、车速及里程表、发动机转速表等)。用来显示汽车的运行参数。

(5)舒适系统。舒适系统也称为辅助电气系统,包括电动刮水器、空调器、低温起动预热装置、音响、点烟器、电动后视镜等。其作用是给驾乘人员提供舒适的工作和乘坐环境。

(6)微机控制系统。微机控制系统包括汽车的动力传动控制、底盘行驶控制、车身控制和信息与通信控制等,随着现代汽车技术的发展,各控制系统由独立变成了相互联系,构成了汽车局域网络。其作用主要是解决目前大客车使用所面临的安全、环保、能源问题和提高行驶汽车的动力性、舒适性。

3. 线束部分

线束部分主要包括主线束、顶架线束、底盘线束、后尾灯线束、发动机控制线束等。

二、大客车电气设备的特点

大客车电气设备众多,但具有以下五个共同特点。

1. 两个电源

两个电源是指蓄电池和发电机,汽车所有设备均与蓄电池、发电机并联。发电机为主电源,主要提供汽车运行时各用电设备用电;蓄电池为辅助电源,主要供起动机用电。

2. 低压直流

目前汽油机使用电压为12V,柴油机使用电压为24V。由于大客车用电设备增多,电器负荷越来越大,为能提供更高的电能,电压升级为42V已经是大势所趋。

3. 并联单线

大客车用电设备较多,但均采用并联电路,从电源到用电设备只用一根导线,大客车车身作为一根共用导线。安装在钣金件上、挂车上或非金属车厢板上的电气设备则一般采用双线制。

4. 负极搭铁

为减少蓄电池电缆铜端子在车架、车身连接处的电化学腐蚀,提高搭铁可靠性,统一标准,便于大客车电子设备的生产、使用和维修,规定大客车电气系统采用单线制时,必须统一电源负极搭铁。

5. 大电流开关通常加中间继电器

大客车用电器如起动机、电喇叭等工作电流很大,常采用加中间继电器的方法,即控制大电流用电设备的开关采用控制继电器线圈的小电流,由继电器闭合后的触点为用电设备提供大电流。

三、大客车电气系统的特点

宇通客车电器线路采用单线制,负极搭铁,标称电压为DC24V。由两只12V干荷式蓄电池串联后与发电机并联,作为整车供电电源,电池容量的大小依据车型而异。

大客车全车电路基本上是由电源电路、充电电路、点火电路、起动电路、照明电路、辅助电气设备电路等组成,各部分用电器电路基本采用并联方式。

第一章 电源系统

大客车电源系统也称为充电系统,其主要作用是给大客车各用电设备提供低压直流电能,主要由蓄电池、交流发电机、电压调节器和充电状态指示装置组成,蓄电池在汽车上与发电机并联,如图1-1所示。当发动机运行时,发电机为汽车上的点火、燃油喷射系统及照明、ECU等用电设备提供电能。

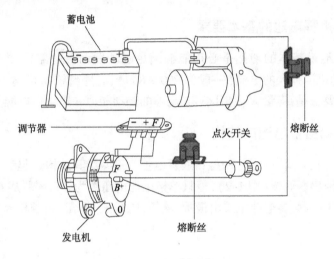

图1-1 电源系统组成图

在电源系统中设有电压调节器的目的是满足大客车电气设备用电及向蓄电池恒定电压充电;充电状态指示装置用于指示大客车电源系统的工作情况。

在汽车未起动前,全车电源均由蓄电池供给,发动机起动后带动发电机工作,当发电机B+端对地电压达到一定值(DC24V左右)时,仪表板上的发电机指示灯由亮转变为熄灭,表示发电机已正常发电,此时发电机与蓄电池并联为大客车供电。如汽车用电量不大,发电机电压升高即能对蓄电池进行补充充电。当发电机停止工作时,发电机指示灯即亮,表示蓄电池处于放电状态。

第一节 蓄电池的结构与工作原理

蓄电池又称二次电池,是将所获得的电能以化学能的形式储存并可将化学能转化为电能释放的一种电化学器件。它是目前世界上广泛使用的一种化学"电源",具有电压稳定、安全可靠、价格低廉、适用范围广和回收再生利用率高等优点,是世界上各类电池中产量最大、用途最广的一种电池。

一、汽车用蓄电池的作用

汽车蓄电池作为汽车上的两个电源之一,在汽车上与发电机并联,其主要作用有:
(1)起动发动机时,向起动系、点火系,以及收音机、点烟器、常用灯光等供电。
(2)当发动机低速运转,发电机电压低于蓄电池的充电电压时,由蓄电池向用电设备供电。
(3)储蓄电能:当发动机中、高速运转,发电机电压高于蓄电池的充电电压时,蓄电池将发电机的剩余电能储存起来。
(4)过载返回送电:当发电机过载时,蓄电池协助发电机向用电设备供电。
(5)电容器功能:蓄电池还可以吸收电路中的瞬时过电压,保持汽车电气系统电压的稳定,保护电子元件。

二、对汽车用蓄电池的基本要求

汽车用蓄电池最基本的功能是必须能够满足起动发动机的需要,即在短时间内(5~10s),可供给起动机以强大的电流(一般为200~800A,有些柴油机可达1500A),故对汽车用蓄电池的基本要求是:容量大、内阻小、有足够的起动能力和连续供电能力。

三、起动型铅酸蓄电池的结构

蓄电池的种类很多,下面以起动型铅酸蓄电池为例介绍其结构。起动型铅酸蓄电池由3只或6只单格电池串联而成(图1-2),每只单格电池电压约为2V,串联成6V或12V以供汽车选用。如图1-3所示,蓄电池主要由极板、隔板、电解液、外壳、联条和极柱等组成,下面分别加以介绍。

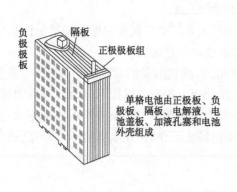

图1-2 单格电池

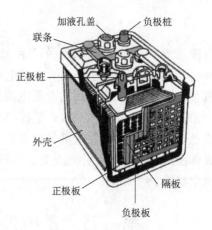

图1-3 蓄电池的结构

(一)极板

极板是蓄电池的核心部分,蓄电池充放电过程中,电能与化学能的相互转换依靠极板上的活性物质与电解液中的硫酸的化学反应来实现。极板分正、负极板两种。它由栅架和活性物质组成,如图 1-4 所示。

1. 栅架

栅架用于容纳活性物质,并使极板成型,一般由铅锑合金浇注而成,如图 1-5 所示。铅锑合金中,一般加入 6%~8.5% 的锑,以提高栅架的机械强度并改善其浇铸性能。但锑会加速氢的析出而使电解液的消耗加剧,甚至会引起蓄电池自放电和栅架的膨胀、溃烂,缩短蓄电池使用寿命。因此,栅架正逐渐向低锑,甚至无锑的铅钙锡合金发展。

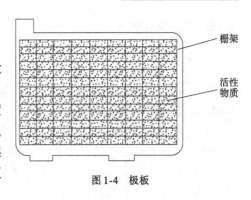

图 1-4 极板

为了降低蓄电池的内阻,改善蓄电池的起动性能,有些铅蓄电池采用了放射形栅架,如图 1-6 所示。

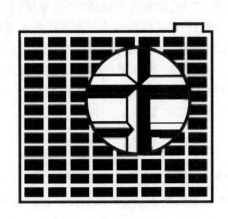

图 1-5 栅架

图 1-6 放射形栅架

2. 活性物质

活性物质就是极板上的工作物质,为充放电过程提供不可缺少的离子。正极板上的活性物质为深棕色的二氧化铅(PbO_2),负极板上的活性物质为青灰色的海绵状纯铅(Pb)。将一片正极板和一片负极板浸入电解液中,可得到 2.1V 左右的电动势。为增大蓄电池容量,常将多片正、负极板分别并联,用横板焊接成正、负极组。安装时,正负极板组相互嵌合安装,中间插入隔板后装入蓄电池单格内,便形成单格电池,如图 1-7 所示。

由于正极板活性物质比较疏松,且正极板处的化学反应比负极板上的化学反应剧烈,反应前后活性物质体积变化较大,为防止因正极板拱曲和活性物质脱落,在每个单格电池中,负极板的片数总比正极板多一片。

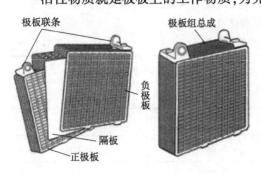

图 1-7 极板组

国产负极板的厚度为 1.8mm,正极板的厚度为 2.2mm。国外大多采用薄型极板,厚度为 1.1~1.5mm。薄型极板对提高蓄电池的比容量(极板单位尺寸所提供的容量)和改善起动性能都是很有利的。

(二) 隔板

为了使蓄电池的结构尽量紧凑,正负极板应尽可能接近,但又得避免其互相接触而造成短路,必须采用隔板加以绝缘。

由于电化学反应在液体中进行,有离子迁移运动,为使电解液渗透,隔板应具有多孔性和良好的耐酸性。故一般采用微孔塑料、微孔橡胶、木质材料、玻璃纤维等材料,如图1-8所示。

木质隔板因原料丰富、制作简单、价格便宜,曾得到广泛应用。但因其耐腐蚀性能差,已被淘汰。近年来,由于人造材料工业的不断发展,其价格大幅下降,且微孔橡胶和微孔塑料隔板耐酸性好、强度高,使用寿命长,而玻璃纤维隔板具有多孔性好、成本低廉等优点,故在实际使用中得以普及。

图1-8 隔板

隔板一面平滑,另一面有凹槽。为保证正极板在充、放电过程中此时(化学反应激烈)使电解液顺利地上下流通,安装时,带沟槽的一面应朝向正极板。这样还能保证活性物质脱落时,能沿槽迅速沉至底。

(三) 电解液

电解液一般由密度为 $1.84g/cm^3$ 的专用硫酸和蒸馏水按一定比例配制而成,它是蓄电池发生化学反应的主要物质,为电化学反应提供必要的离子。电解液的配制应严格选用《蓄电池用硫酸》标准规定的二级专用硫酸和蒸馏水,且配置时,一定要把浓硫酸缓慢倒入蒸馏水中,并不断搅拌。

电解液的密度一般为 $1.24 \sim 1.33g/cm^3$,电解液密度过低,冬季易结冰;电解液密度过大,电解液黏度增加,蓄电池的内阻增加,而加速隔板、极板的腐蚀,使其使用寿命缩短,故应根据本地区气候条件和制造厂的要求合理选用,见表1-1。

电解液密度选用的地区差异性　　　　表1-1

气候条件	全充电15℃时的密度(g/cm^3)	
	冬季	夏季
冬季温度低于 -40℃ 地区	1.310	1.250
冬季温度高于 -40℃ 地区	1.290	1.250
冬季温度高于 -30℃ 地区	1.280	1.250
冬季温度高于 -20℃ 地区	1.270	1.240
冬季温度高于 0℃ 地区	1.240	1.240

电解液密度值,随温度的变化而变化,一般温度每升高 1℃,密度变化值为 $0.0007g/cm^3$。

(四)外壳

外壳用来盛放电解液和极板组,并使蓄电池构成一个整体。外壳的材料有硬质橡胶和聚丙烯塑料两种,由间壁将其分为3个或6个相互分离的单格,底部有凸起的筋条支撑极板组,凸筋之间的空间用来容纳极板脱落的活性物质,以防极板短路,如图1-9所示。

橡胶外壳的每单格有一个小盖;塑料外壳采用整体盖。普通蓄电池每单格的中间有一个电解液加液孔,用于添加电解液和蒸馏水,以及测量电解液密度、温度和液面高度。平时拧装一个螺塞,螺塞上有一个通气小孔,蓄电池使用时应保持其畅通,以便随时排出蓄电池内化学反应放出的氢气(H_2)和氧气(O_2),防止外壳胀裂和发生事故,如图1-10所示。

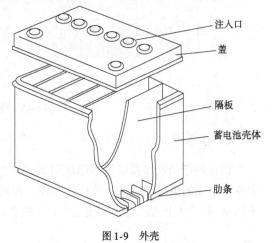

图1-9 外壳

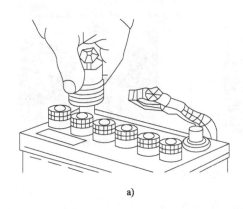

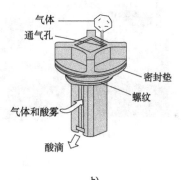

a) b)

图1-10 加液孔盖

(五)联条

为提高蓄电池的供电电压,用联条将各单格电池串联连接,一个单格电池的正极桩与相邻单格电池的负极桩采用联条连接,如图1-11所示。

联条连接方式通常有外露式、内部穿壁式或跨接式等,如图1-12所示。

为减小蓄电池内阻和质量,现代蓄电池上采用单格电池直接联条。各个单格电池的极板连接条通过单格电池间壁以最短的距离相互连接,这样可减少由于外部影响造成短路的危险。

图1-11 联条

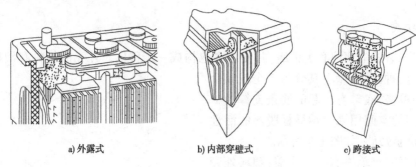

a) 外露式　　　　b) 内部穿壁式　　　　c) 跨接式

图 1-12　联条的连接方式

（六）极柱

极柱的作用是将蓄电池的电压引出，第一个单格电池的正极板联条与正极柱相连，最后一个单个电池的负极板联条与负极柱相连。极柱有锥形、侧置式和 L 形等，如图 1-13 所示。为便于识别，极桩的上方或旁边标刻有"＋"（或 P）、"－"（或 N）标记，或者在正极桩上涂红色油漆。

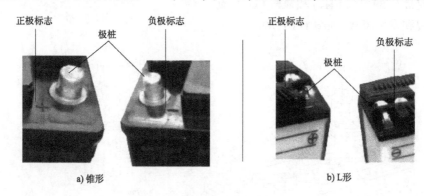

a) 锥形　　　　　　　　　b) L 形

图 1-13　蓄电池极柱外形

四、蓄电池的工作原理

蓄电池的工作原理就是化学能和电能的相互转化，它分为充电和放电两个过程，如图 1-14 所示。

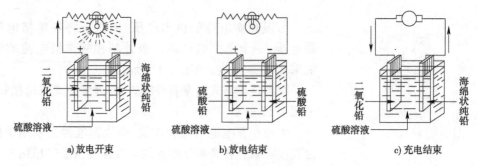

a) 放电开始　　　　b) 放电结束　　　　c) 充电结束

图 1-14　蓄电池的工作原理

当铅蓄电池接通外电路负载放电时，正极板上的 PbO_2 和负极板上的 Pb 都变成了 $PbSO_4$，电解液中的硫酸变成了水。充电时，正极板上的 Pb、SO_4 分别恢复成原来的 PbO_2 和

Pb,电解液中的水变成了硫酸。

蓄电池的化学反应方程式为：

$$PbO_2 + 2H_2SO_4 + Pb \underset{充电}{\overset{放电}{\rightleftharpoons}} 2PbSO_4 + 2H_2O$$

当铅蓄电池的正、负极板浸入电解液中时，在正、负极板间就会产生约2.1V的静止电动势。此时若接入负载，在电动势的作用下，电流就会从蓄电池的正极经外电路流向蓄电池的负极，这一过程称为放电，蓄电池的放电过程是化学能转变为电能的过程。蓄电池在放电时，电解液中的硫酸将逐渐减少而水将逐渐增加，电解液密度下降。

充电时，蓄电池的正、负极分别与直流电源的正、负极相连，当充电电源的端电压高于蓄电池的电动势时，在电场的作用下，电流从蓄电池的正极流入，负极流出，这一过程称为充电。蓄电池充电过程是电能转换为化学能的过程。蓄电池在充电时，电解液中的硫酸将逐渐增多而水将逐渐减少，电解液密度上升。

在充放电时，电解液密度发生变化，主要是由于正负极板上活性物质发生化学反应的结果，因此，要求正负极板处的电解液流动性要好。

五、蓄电池的类型

目前，燃油汽车上使用的蓄电池主要有两大类：铅酸蓄电池（以下简称铅蓄电池）和镍碱蓄电池。同时，由于人们对燃油汽车排放要求的提高和能源危机的冲击，各国正在不断探索和研制电动汽车，其主要的动力源为新型高能蓄电池。表1-2列出了各种蓄电池特点。

蓄电池的类型与特点　　　　　　　　　　　　　　　　表1-2

类型	优点	缺点	适用车辆
铅酸蓄电池	结构简单；价格便宜；内阻小；电压稳定；可以短时间供给起动机强大的起动电流	比容量小；使用寿命相对较短	一般车辆
镍碱蓄电池	容量大；使用寿命长；维护简单；能承受大电流放电而不易损坏	活性物质导电性差；价格较高	使用时间长、可靠性高的车辆
电动车蓄电池	比容量大；无污染；充、放电性能好；使用寿命长	结构复杂；成本高	电动汽车

铅蓄电池又可以分为普通铅蓄电池、干荷电铅蓄电池、湿荷电铅蓄电池和免维护铅蓄电池。各种铅蓄电池的特点见表1-3。

各种铅蓄电池的特点　　　　　　　　　　　　　　　　表1-3

类型	特点
普通铅蓄电池	新蓄电池的极板不带电，使用前需按规定加注电解液并进行初充电，初充电的时间较长，使用中需要定期维护
干荷电铅蓄电池	新蓄电池的极板处于干燥的已充电状态，电池内部无电解液。在规定的保存期内，如需使用，只需按规定加入电解液，静置20~30min即可使用，使用中需要定期维护
湿荷电铅蓄电池	新蓄电池的极板处于已充电状态，蓄电池内部带有少量电解液。在规定的保存期内，如需使用，只需按规定加入电解液，静置20~30min即可使用，使用中需要定期维护
免维护蓄电池	使用中不需维护，可用3~4年不需补加蒸馏水，极桩腐蚀极少，自放电少

免维护蓄电池又称MF(Maintenance-Free)蓄电池，是指在汽车合理使用期间，不需要对蓄电池进行加注蒸馏水、检测电解液液面高度、检测电解液密度等维护作业，如图1-15所示。

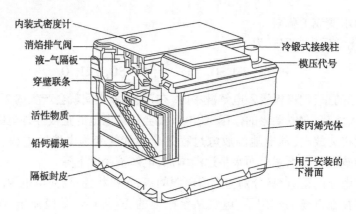

图 1-15　免维护蓄电池结构

免维护蓄电池内部安装有电解液密度计,可自动显示蓄电池的存电状态和电解液液面的高低。如果密度计的观察窗呈绿色,表明蓄电池存电充足,可正常使用;若显示深绿色或黑色,表明蓄电池存电不足,需补充充电;若显示浅黄色,表明蓄电池已接近报废,如图 1-16 所示。

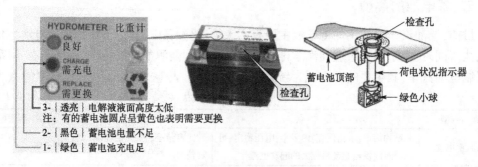

图 1-16　内装式密度计工作示意图

六、蓄电池的型号

按机械工业部颁发的《铅酸蓄电池名称、型号编制与命名办法》(JB/T 2559—2012)标准规定,蓄电池型号由三部分组成:

第一部分为串联的单体蓄电池数;

第二部分为蓄电池用途、结构特征代号;

第三部分为标准规定的额定容量。

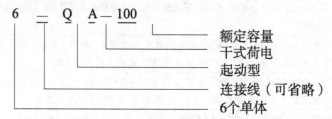

示例:6 个单体串联的额定容量为 100A·h 的干式荷电起动型蓄电池的型号命名为 6 - QA - 100。

蓄电池型号组成各部分应按如下规则编制：

(1)串联的单体蓄电数，是指在一只整体蓄电池槽或一个组装箱内所包括的串联蓄电池数目(单体蓄电池数目为1时，可省略)。

(2)蓄电池用途、结构特征代号应符合规定。

(3)额定容量以阿拉伯数字表示，其单位为安培小时($A \cdot h$)，在型号中单位可省略。

(4)当需要标志蓄电池所需适应的特殊使用环境时，应按照有关标准及规程的要求，在蓄电池型号末尾和有关技术文件上作明显标志。

(5)蓄电池型号末尾允许标志临时型号。

(6)标准中未提及新型蓄电池允许制造商按上述规则自行编制。

(7)对出口的蓄电池或来样加工的蓄电池型号编制，允许按有关协议或合同进行编制。

蓄电池按其用途划分见表1-4。

蓄电池的用途　　表1-4

序号	蓄电池类型（主要用途）	型号	汉字及拼音或英语字头		
			汉字	拼音	英语
1	起动型	Q	起	qi	
2	固定型	G	固	gu	
3	牵引(电力机车)用	D	电	dian	
4	内燃机车用	N	内	nei	
5	铁路客车用	T	铁	tie	
6	摩托车用	M	摩	mo	
7	船舶用	C	船	chuan	
8	储能用	CN	储能	chu neng	
9	电动道路车用	EV	电动车辆		electric vehicles
10	电动助力车用	DZ	电助	dian zhu	
11	煤矿特殊	MT	煤特	mei te	

蓄电池结构特征代号见表1-5。

蓄电池结构特征代号　　表1-5

序　号	蓄电池特征	型　号	汉字及拼音或英语字头		
1	密封式	M	密	mi	
2	免维护	W	维	wei	
3	干式荷电	A	干	gan	
4	湿式荷电	H	湿	shi	
5	微型阀控式	WF	微阀	wei fa	
6	排气式	P	排	pai	
7	胶体式	J	胶	jiao	
8	卷绕式	JR	卷绕	juan rao	
9	阀控式	F	阀	fa	

宇通系列客车用干荷式蓄电池是穿臂式连接塑料全封闭式,具有体积小、质量小、容量及起动电流大的优点。宇通系列客车将两个蓄电池串联构成24V的蓄电池组固定安装在电源箱内,如图1-17所示。

图1-17　宇通客车用蓄电池组

第二节　蓄电池的容量及影响因素

蓄电池的容量 C 是指在规定的放电条件下(一定的放电电流、一定的终止电压和一定的电解液温度),完全充足电的蓄电池所能够输出的电量。它是标注蓄电池对外放电能力、衡量蓄电池质量的优劣以及选用蓄电池的重要指标。

一、蓄电池容量的分类

蓄电池的容量根据其使用条件不同可以进行如下划分。

(1)理论容量。假定活性物质全部参加放电反应,由活性物质质量按法拉第电化当量定律计算所得容量。

(2)实际容量 C。蓄电池实际放出的电量。恒流放电时,$C = I_f t_f$。(I_f:放电电流;t_f:放电时间)实际容量总小于理论容量。

(3)额定容量。在电解液温度为 (25 ± 2)℃条件下,完全充足电的蓄电池,以20h放电率的放电电流($0.05C_{20}$)连续放电至12V蓄电池的端电压降到(10.5 ± 0.05)V时输出的电量。额定容量是检验蓄电池质量的重要指标,在蓄电池型号中体现。如6-QA-105即表示额定容量为105A·h。

(4)储备容量。完全充足电的蓄电池在电解液温度为(25 ± 2)℃条件下,以25A电流连续放电至12V蓄电池电压降到(10.5 ± 0.05)V时,放电所持续的时间,计量单位为min。储备容量表达了在汽车电源系统出现故障时,蓄电池尚能向外电路提供25A电流的能力。

(5)起动容量。起动容量表示蓄电池在发动机起动时的供电能力,分为低温起动容量和常温起动容量。低温起动容量是指电解液在-18℃时,以3倍额定容量的电流持续放电至单格电压下降至1V所放出的电量。持续时间应在2.5min以上;常温起动容量是指电解液在30℃时,以3倍额定容量的电流持续放电至单格电压下降至1.5V所放出的电量。持续时间应在5min以上。

二、影响容量的因素

蓄电池的容量不是一个定值,它与多种因素有关,具体体现在产品的结构因素和使用条件两方面。

(一)产品结构因素对容量的影响

极板上活性物质的数量、极板厚度、极板面积、极板中心距、活性物质的孔率等对容量均有一定的影响。

理论上说,一般活性物质的数量越多,容量越大。但是,实际上活性物质的利用率只有60%左右,一旦活性物质的数量确定后,则可通过增大极板面积以提高其利用率,从而增大容量。国产蓄电池基本极板面积已基本统一,每对极板面的容量为7.5A·h,故通过极板数量N计算极板的容量$C_{20}=7.5(N-1)$。

极板越薄,活性物质的利用率就越高,容量就越高,反之亦然;极板面积越大,同时参与化学反应的活性物质就越多,容量越大;中心距越小,蓄电池内阻越小,容量越大;活性物质的孔率一般来说活性物质的孔率越大,电解液扩散渗透更容易,容量越大,但孔率的过分增大会导致活性物质的减少,而导致容量减少。

(二)使用因素对容量的影响

蓄电池的放电电流、电解液温度、电解液密度等使用因素对容量的影响如下。

随着放电电流I_f增大,蓄电池的电化学极化、浓差极化、欧姆极化变强,使蓄电池的端电压下降变快,而使放电时间缩短。随着I_f的增大,单位时间内生成硫酸铅增多,而导致孔隙堵塞,使活性物质利用率低,从而导致C降低;此外随着I_f的增大,单位时间消耗硫酸量增多,使电解液密度下降快,容量C减小。故在起动发动机的时候,应该要保证每次起动发动机时间不得超过5s,再次起动时间间隔15s以上。

当蓄电池温度降低时,电解液的黏度随之增大,而导致离子渗入极板困难,使活性物质利用率低而导致蓄电池容量C降低;与此同时,随着电解液黏度的增大,蓄电池内阻增大,而导致内压降增高,端电压值减少,使C进一步减小。所以冬季的时候要对蓄电池保暖,以保证其有足够的容量。

随着电解液密度ρ增大,蓄电池的电动势E增大,电解液渗透能力增强,使参加反应的活性物质量增多,而使蓄电池的容量C增大。但是当密度ρ过高时,会使电解液黏度增大,使其内阻增大,而加剧极板硫化,导致蓄电池容量降低。实践证明,电解液密度偏低有利于提高放电电流和容量。所以,冬季使用的电解液,在不使其结冰的前提下,应尽可能采用稍低的电解液密度。此外,应考虑车辆在用地区的温度,因为温度的高低会影响电解液的密度。

第三节 交流发电机的结构与工作原理

交流发电机是汽车的主要电源,它与蓄电池并联,由汽车发动机驱动,其功用是当发动机所需电压高于蓄电池电压时,能及时向蓄电池充电,并向全车除起动机外的所有用电设备直接供电。

宇通客车使用的发电机安装在发动机上或发动机旁边,由发动机驱动,一辆车安装1~2个,输出电压为DC28V,输出电流为70~180A,如图1-18所示。副发电机为空调发电机,在空调工作时发电,供空调系统用电。大部分是北京佩特来发电机,美国技术,MAN底盘使用的是BOSCH发电机。

图1-18　宇通客车使用的两个发电机

一、对交流发电机的要求

汽车发电机的形式和结构,取决于车辆电气设备和蓄电池充电所需的电能,它必须能够满足以下要求,以保证能给蓄电池充电和为汽车上用电设备供应电能。

(1)所有连接的负载要用直流电。

(2)即使全部的永久性负载都接通,也需要有足够电力为蓄电池快速充电,并维持充电状态。

(3)要尽量在发电机的某个转速范围内保持输出电压恒定。

(4)质量要轻、结构紧凑、噪声低、效率高、寿命长。

(5)发电机要保持牢固,能承受外来的如振动、高温、剧烈温度变化、污垢、潮湿等各种变化。

二、电磁感应原理

交流发电机是利用电磁感应原理产生交流电的。电磁感应是产生电的基础,其原理如下:当一个导体(导线或线圈)切割直流电磁场的磁力线时,导体内就感应出电动势,或者磁场静止而导体运动,或者磁场旋转而导体转动。其产生的感应电动势方向可用弗莱明右手定律判断,如图1-19所示。

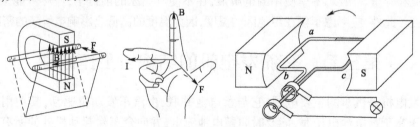

图1-19　电磁感应定律

若将线圈的两端连接到电压表上,则可在电压表上反映出线圈和磁极不断变化的关系,经实验可得:如果线圈均匀转动,线圈内感应出的电动势是呈正弦规律变化的,如图1-20所示。其大小可用下式计算:

$$e = N\frac{d\phi}{dt} = N\frac{d(\phi_m \sin\omega t)}{dt} = N\varphi_m \omega\cos\omega t = N\varphi_m \omega\sin\left(\omega t + \frac{\pi}{2}\right) = 2\pi f\varphi_m \sin\left(\omega t + \frac{\pi}{2}\right)$$

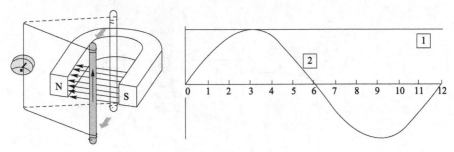

图1-20 交流电压的测量和波形

三、普通交流发电机的结构与工作原理

普通硅整流发电机主要由三相同步交流发电机和6只二极管组成的三相桥式全波整流器两大部分组成;主要有转子、定子、整流器、前后端盖、风扇、皮带轮等部件,如图1-21所示。

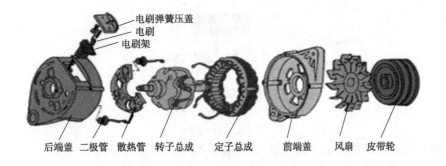

图1-21 发电机分解图

(一)主要组成部件结构

1. 转子总成

转子的功用是产生磁场。主要由两块爪极、磁场绕组、转子轴和滑环等组成,如图1-22所示。

转子轴上压装着两块爪极,两块爪极各有6个由低碳钢制成的鸟形磁极,空腔内装有磁轭(也叫铁芯),用于导磁。磁轭上绕有磁场绕组(又称磁场绕组或转子线圈),阻值为4~6Ω,磁场绕组的两根引线分别焊在与转子轴绝缘的两滑环上。滑环由两个彼此绝缘的铜环组成,它与两装在后端盖上的两个电刷相接触,两个电刷通过引线分别接在两个螺钉接线柱,这两个接线柱即为发电机的F(磁场)接线柱和-(搭铁)接线柱上。

当两滑环(通过电刷)通入直流电时,磁场绕组中就有电流通过,并产生轴向磁通,使得爪极一块被磁化为 N 极,另一块被磁化为 S 极,从而形成六对相互交错的磁极。当转子转动时,就形成了旋转的磁场。

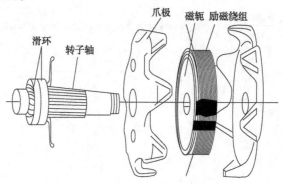

图 1-22 转子总成分解

交流发电机的磁路为:磁轭→N 极→转子与定子之间的气隙→定子→定子与转子间的气隙→S 极→磁轭,如图 1-23 所示。

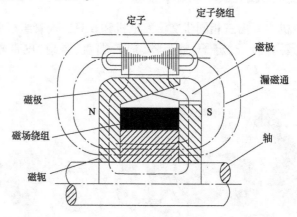

图 1-23 转子磁路

目前有很多发动机采用无刷发电机,其转子如图 1-24 所示。

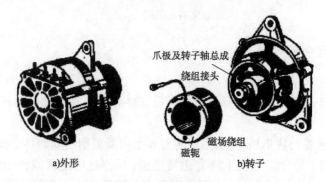

a)外形　　　　b)转子

图 1-24 无刷发电机转子

无刷发电机磁场绕组阻值为 3~4Ω,结构简单,维护方便,工作可靠。但爪极间的连接工艺困难,励磁电流大。

2. 定子总成

定子又称电枢,它的功用是产生感应电动势。主要由定子铁芯和定子绕组组成,如图 1-25 所示。

定子铁芯由内圈带槽的硅钢片叠成,定子绕组的导线就嵌放在定子铁芯的槽中。

定子绕组为三相绕组,采用星形接法(Y 形)或三角形(大功率)接法,都能产生三相交流电,如图 1-26 所示。

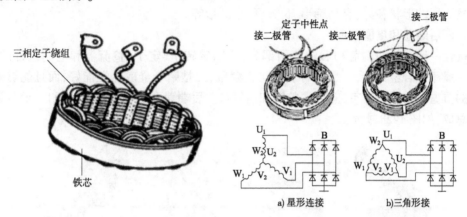

图 1-25 定子的结构　　图 1-26 三相定子绕组的绕法

三相绕组的必须按一定要求绕制,才能使之获得频率相同、幅值相等、相位互差 120°的三相电动势,发电机定子绕组由专门人员绕制。

3. 整流器

交流发电机整流器的作用是将定子绕组产生的三相交流电整流成为直流电。整流器由 6 只硅整流二极管组成三相全波桥式整流电路,6 只整流管分别压装(或焊装)在两块整流板上,如图 1-27 所示。

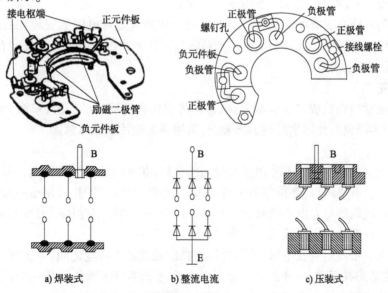

图 1-27 整流器的外形与二极管的安装方式

硅整流二极管只有一根引线,有正二极管和负二极管之分。引出线为正极的管子称为正极管,引出线为负极的管子称为负极管。

整流板有正负极之分。将正极管安装在一块铝制散热板上,称为正整流板;将负极管安装另一块铝制散热板上,称为负整流板,也可用发电机后盖代替负整流板。在正整流板上有一个输出接线柱 B(发电机的输出端)。负整流板直接搭铁,负整流板一定要和壳体相连接。

整流板的形状各异,有马蹄形、长方形、半圆形等。

4. 前后端盖和电刷总成

端盖一般分为前端盖和后端盖两部分,起固定转子、定子、整流器和电刷组件的作用。端盖一般用铝合金铸造,一是可有效地防止漏磁,二是铝合金散热性能好,而且能够减轻发电机的质量。前端盖铸有支脚、调整臂和出风口。后端盖上铸有支脚和进风口,而且还装有电刷总成,如图1-28所示。

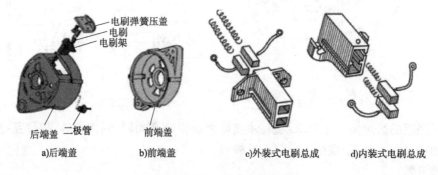

图 1-28 前后端盖及电刷总成

电刷总成由电刷、电刷架和电刷弹簧组成。电刷的作用是将电源通过滑环引入磁场绕组,由石墨制成。电刷架内装电刷和弹簧,利用弹簧的弹力与滑环紧密接触,多采用酚醛玻璃纤维塑料模压而成或用玻璃纤维增强尼龙制成。

发电机的电刷总成有内装式和外装式之分。内装式是将电刷架安装在后端盖内部,故如果电刷损坏,必须解体发电机,现已逐渐被淘汰。外装式电刷架用螺钉安装在后端盖壳体外表上,故检修和更换方便。

5. 皮带轮

皮带轮通常用铸铁或铝合金制成,也有用薄钢板卷压而成的,分为单槽、双槽和多楔形槽三种,利用半圆键装在风扇外侧的转轴上,再用弹簧垫片和螺母紧固。

6. 风扇

为保证发电机在工作时不致因温升过高而损坏,在发电机上装有风扇,用以散热。发电机均在后端盖上有进风口,在前端盖上有出风口,当发电机旋转时,风扇也一起旋转,使空气高速流经发电机内部对发电机进行强制冷却。风扇一般用钢板冲压而成或用铝合金压铸而成。发电机上一般装有一个或两个风扇,如图1-29所示。

对于只有一个风扇的发电机,其风扇均装在前端盖和皮带轮之间;对于有两个风扇的发电机,其安装形式有两种:一种是在前后端盖内的转子爪极两侧各焊接一个;另一种是在前端盖和皮带轮之间安装一个风扇,另一个安装在后端盖和转子爪极之间。

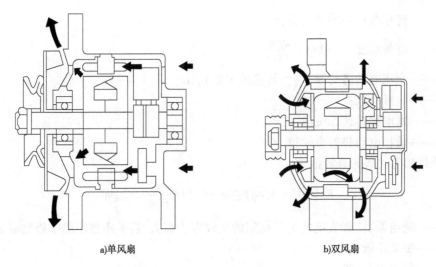

a) 单风扇　　　　　　　　　b) 双风扇

图 1-29　交流发电机风扇的安装与通风

(二) 交流发电机工作原理

交流发电机定子的三相绕组按一定规律分布在发电机的定子槽中,内部有一个转子,转子上安装着爪极和磁场绕组。当外电路通过电刷使磁场绕组通电时,便产生磁场,使爪极被磁化为 N 极和 S 极。当转子旋转时,磁通交替地在定子绕组中变化。根据电磁感应原理可知,定子的三相绕组中便产生交变的感应电动势,而后经整流器整流为直流电输出,这就是交流发电机的工作原理,如图 1-30 所示。

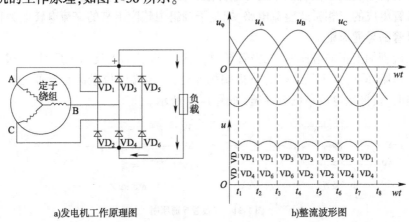

a) 发电机工作原理图　　　　　　b) 整流波形图

图 1-30　交流发电机的工作原理与整流原理图

由于三相绕组在定子槽中是对称绕制的,因此,三相交流电动势大小相等、相位差互为 120°角度,其瞬时值为:

$$\left. \begin{array}{l} e_\mathrm{u} = E_\mathrm{m}\sin\omega t = \sqrt{2}\,E_\varphi\sin\omega t \\ e_\mathrm{v} = E_\mathrm{m}\sin\left(\omega t - \dfrac{2\pi}{3}\right) = \sqrt{2}\,E_\varphi\sin\left(\omega t - \dfrac{2\pi}{3}\right) \\ e_\mathrm{w} = E_\mathrm{m}\sin\left(\omega t + \dfrac{2\pi}{3}\right) = \sqrt{2}\,E_\varphi\sin\left(\omega t + \dfrac{2\pi}{3}\right) \end{array} \right\} \quad (1\text{-}1)$$

式中：E_m——每相电动势的最大值，V；

ω——电角速度，$\omega = 2\pi f = \dfrac{\pi pn}{30}$；

f——交流电动势的频率(为转速的函数)，Hz；

p——磁极对数；

n——发电机转速，r/min；

E_φ——每相电动势的有效值。

定子每相电动势的有效值为：

$$E_\varphi = \frac{E_m}{\sqrt{2}} = 4.44 KfN\varphi = 4.44 K \frac{pn}{60\phi} = C_e\varphi n \qquad (1-2)$$

式中：K——绕组系数(和发电机定子绕组的绕线方法有关，若采用整距集中绕制时 $K=1$)；

N——每项匝数，匝；

φ——每极磁通，Wb；

n——发电机转速，r/min；

C_e——发电机结构常数。

由此可见，交流电动势的幅值是发电机转速的函数。因此，当转速 n 变化时，三相电动势的波形为变频率、变幅值的交流波形。

(三) 整流原理

交流发电机是利用二极管的单向导电性把交流电转变为直流电的。普通交流发电机是用 6 只二极管组成的三相桥式整流电路，把定子绕组中感应出来的交流电转变为直流电。

1. 二极管的导通原则

当给二极管加上正向电压时，二极管导通，当给二极管加上反向电压时，二极管截止，二极管的导通原则如下：当 3 只二极管负极端相连时，正极端电位最高者导通；当 3 只二极管正极端相连时，负极端电位最低者导通，如图 1-31 所示。

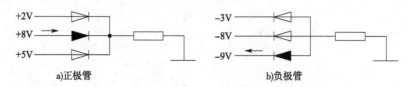

图 1-31　二极管导通原则

2. 整流过程分析

由上述二极管导通原则可知，如图 1-30 所示，当发电机正常工作时，3 个正极管 VD_1、VD_3、VD_5，在某瞬时，电压最高的一相正极管导通；3 个负极管子 VD_2、VD_4、VD_6，在某瞬时，电压最低一相的负极管导通。

由于发电机的三相绕组是对称安装的，故同时导通的管子总是两个，即正、负管子各一个。具体分析如下。

在 $0 \sim t_1$ 时间内，U_w 最高，U_v 最低，VD_3 和 VD_4 都处于正向电压导通状态，电流回路为：最高电位点 W→VD_3→发电机"+"→负载 R_L→VD_4→最低电位点 V，于是在负载 R_L 上得到

的电压为 U_{wv},其方向为上"+"下"-"。

在 $t_1 \sim t_2$ 时间内,U_u 最高,U_v 最低,VD_1 和 VD_4 都处于正向电压导通状态,电流回路为:最高电位点 U→VD_1→发电机"+"→负载 R_L→VD_4→最低电位点 V,于是在负载 R_L 上得到的电压为 U_{uv},其方向为上"+"下"-"。

在 $t_2 \sim t_3$ 时间内,U_u 最高,U_w 最低,VD_1 和 VD_6 都处于正向电压导通状态,电流回路为:最高电位点 U→VD_1→发电机"+"→负载 R_L→VD_6→最低电位点 W,于是在负载 R_L 上得到的电压为 U_{uw},其方向为上"+"下"-"。

在 $t_3 \sim t_4$ 时间内,VD_3 和 VD_6 导通,$t_4 \sim t_5$ 时间内,VD_2 和 VD_3 导通,$t_5 \sim t_6$ 时间内,VD_2 和 VD_3 导通,以此类推,6 只二极管两两轮流导通,使得负载 R_L 两端得到一个比较平稳的脉动直流电压。

3. 发电机输出的直流电压平均值为:

$$U = 1.35 U_L = 2.34 U_\Phi$$

流经每只二极管的电流为:

$$I_D = \frac{I_L}{3}$$

4. 中性点电压

有的发电机具有中性点接线柱,如图 1-32 所示,它是从三相绕组的中性点引出来的,标记为"N"。输出电压为 U_N,称为中性点电压。

中性点电压的瞬时值是一个三次谐波电压,理论上中性点电压的平均值为发电机输出电压(平均值)的 50%,即:

$$U_N = \frac{U_B}{2}$$

但实际上,随转速的变化,它们之间关系也在变,如图 1-33 所示。带有中性点接线柱的发电机,可用中性点电压来控制各种用途的继电器。有的发电机没有中性点接线柱,但也把中性点电压充分利用了,这些发电机在中性点处接上 2 只整流二极管,和三相绕组的 6 只整流二极管一道输出,可提高发电机功率。

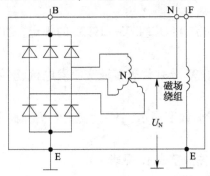

图 1-32 带中心抽头的交流发电机

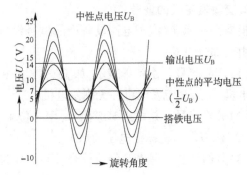

图 1-33 不同转速时中性点电压

5. 励磁方式

除了永磁式交流发电机不需要励磁以外,其他形式的交流发电机都需要励磁,因为它们的磁场都是电磁场,也就是说,必须给磁场绕组通电才会有磁场产生。所谓励磁,即将电源引入到磁场绕组,使之产生磁场。交流发电机励磁两种方式:自励和他励。

在发动机起动期间,需要蓄电池供给发电机磁场电流生磁使发电机发电。这种供给磁场电流的方式称为他励发电。当发电机有能力对外供电时,就可以把自身发的电供给磁场绕组生磁发电,这种供给磁场电流的方式称为自励。

四、交流发电机的类型与型号

1. 发电机的类型

按交流发电机的总体结构分为:普通交流发电机(使用时需要配装电压调节器)、整体式交流发电机(发电机和调节器制成一个整体的发电机)、带泵交流发电机(多用于柴油机)、无刷交流发电机(无电刷和滑环)和永磁交流发电机(转子磁极用永磁铁制成)。

按整流器结构分为:六管发电机、八管发电机、九管发电机和十一管交流发电机。

按磁场绕组的搭铁形式分为:内搭铁型和外搭铁型两种,如图1-34所示。

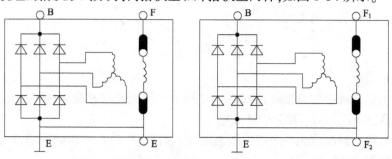

图1-34 内、外搭铁式交流发电机

(1)内搭铁型发电机:磁场绕组直接在发电机内部与壳体直接相连而搭铁,即两只电刷的引线一根与后端盖上的磁场接线柱"F"相连,另一根直接与发电机外壳上搭铁接线柱"E"或"-"相连。

(2)外搭铁型发电机:磁场绕组的两只电刷都和壳体绝缘的发电机,而是通过调节器搭铁,即两电刷的接线柱均与发电机外壳绝缘,分别用"F_1"和"F_2"表示。

2. 交流发电机的型号

根据行业标准《汽车电器设备产品型号编制方法》(QC/T 73—1993)的规定,发电机的型号由五部分组成:

(1)产品代号。由字母表示,如 JF、JFZ、JFB、JFW 分别代表普通交流发电机、整体式交流发电机、带泵交流发电机和无刷发电机。

(2)分类代号。是电压等级代号,用一位阿拉伯数字表示,"1"代表发电机标称电压为14V;"2"代表发电机标称电压为28V。

(3)分组代号。是电流等级代号,用一位阿拉伯数字表示,见表1-6。

硅整流发电机的分组代号　　　　1-6

电流等级代号	1	2	3	4	5	6	7	8	9
电流(A)	≤19	≥20~29	≥30~39	≥40~49	≥50~59	≥60~69	≥70~79	≥80~89	≥90

(4)设计序号。按产品设计先后顺序,由1~2位阿拉伯数字组成。

(5)变形代号。用字母表示。

例如:JFB2102B,第一位数字2代表28V,10代表该系列发电机的输出电流为100A,2代表此型号发电机是100A发电机的第2个改进型产品,B代表该2102系列的变型产品代号。

发电机铭牌一般标为24V或12V,实际上,24V或12V是车辆系统标称电压,但发电机的工作电压要高于蓄电池电压,以便向蓄电池充电,所以实际工作电压分别为28V或14V。因此,发电机功率应为其工作电压×电流,即28(14)×电流。例如:JFB271-C其铭牌标称为24V-70A,其功率应为28V×70A=1960W,一般也称为2000W发电机。

五、交流发电机的接线柱

大客车交流发电机的接线柱常见的有以下几个:

(1)B+:输出端,接蓄电池正极,为蓄电池充电,为车上的用电器提供电流。
(2)D+:接充电指示灯,起动机保护继电器、空调保护继电器,输出功率不超过1A。
(3)W:相输出端,输出14~17V交流电,可作为转速表信号,可接交流继电器。
(4)N:中性点输出端,输出14V,近似直流电。可接直流继电器,也可作为转速表信号。佩特莱发电机定子线圈均为三角形接法,无中性点。

第四节 电压调节器的结构与工作原理

为了满足用电设备恒定电压的要求,交流发电机必须配用电压调节器,使其输出电压在发动机所有工况下基本保持恒定。交流发电机的输出电压正比于交流发电机的感应电动势,即:

$$U \propto E_\varphi = C_e n \Phi \propto C_e n I_f$$

当转速升高时,E_φ 增大,输出端电压 U 升高,当转速升高到一定值时(空载转速以上),输出端电压达到极限,要想使发电机的输出电压 U 不再随转速的升高而上升,只能通过减小磁通 Φ 来实现。又磁极磁通 Φ 与励磁电流 I_f 成正比,减小磁通 Φ 也就是减小励磁电流 I_f。

所以,交流发电机电压调节器的工作原理是:当交流发电机的转速升高时,调节器通过减小发电机的励磁电流 I_f 来减小磁通 Φ,使发电机的输出电压 U 保持不变。

一、电压调节器的类型

汽车发电机用的调节器种类繁多,型号各异,一般采用整体封装,不可拆卸,不能维修,只能整体更换。按其结构特点和工作原理可分为触点式(电磁振动式)电压调节器和电子式调节器,常见调节器外形如图1-35所示。

触点式调节器是通过电磁力控制触点的开闭而改变磁场电路的电阻来调节励磁电流的,由于其有很多缺陷,随着汽车电子技术的迅速发展,目前已淘汰。

目前发电机普遍使用电子式调节器,其是利用功率三极管的开关特性,接通或断开磁场电路来调节磁场绕组的平均电流的。电子调节器按结构分为晶体管式、集成电路式和数字电路式;按安装方式分为外装式(调节器是与发电机分开安装)和内装式(调节器是装于发电机内部);按搭铁类型分为内搭铁式和外搭铁式;按功能的多少分为单功能型(仅有调压功能)和多功能型(除能调压外,还具有充电指示灯控制的功能或带有过压控制器)。

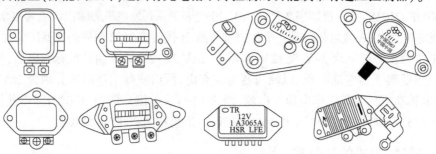

图 1-35　常见调节器外形

二、电压调节器的结构与调压原理

以外搭铁式晶体管调节器为例讲解调压原理,图 1-36 所示为外搭铁型电子调节器的基本电路:它由三只电阻 R_1、R_2、R_3,两只三极管 VT_1、VT_2,一只稳压二极管 VS 和一只二极管 VD 组成。

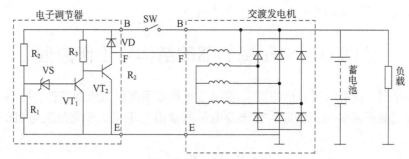

图 1-36　外搭铁式调节器

电阻 R_3 既是 VT_1 的分压电阻,又是 VT_2 的负载电阻;电阻 R_1 和 R_2 组成一个分压器,分压器 R_1、R_2 两端的电压为发电机电压 U_B,R_1 上的分压为:$U_{R1} = \dfrac{R_1}{R_1 + R_2} U_B$;$VT_2$ 是大功率三极管(NPN 型),和发电机的磁场绕组串联,起开关作用,用来接通与切断发电机的励磁电路;VT_1 是小功率三极管(NPN 型),用来放大控制信号;VD 是续流二极管;磁场绕组由接通转为断开状态时(F 端为 +,B 端为 -),经二极管 VD 构成放电回路,防止三极管 VT_2 被击穿损坏;稳压管 VS 是感受元件,串联在 VT_1 的基极电路中,并通过 VT1 的发射结并联于分压电阻 R_1 的两端,以感受发电机的输出电压;U_{R1} 电压加在稳压管 VS 上,R_1 的阻值是这样确定的:当发电机输出电压 U_B 达到规定的调整值时(如桑塔纳为 13.5~14.8V),U_{R1} 电压正好等于稳压管 VS 的反向导通电压。

其工作原理如下:

(1)点火开关 SW 接通,发电机电压 U_B < 蓄电池电动势时,VT_1 截止,VT_2 导通,蓄电池直接供电到磁场绕组。

此时的磁场绕组电路为:蓄电池正极→磁场绕组→调节器 F 接线柱→三极管 VT_2→调节器 E 接线柱→搭铁→蓄电池负极。

该阶段发电机他励,其电压随转速升高而升高。

(2) 发电机电压虽然升高,但如果蓄电池电动势 < 发电机输出电压 U_B < 调节上限时,VT_1 继续截止,VT_2 继续导通,发电机开始自励并对外供电。

此时磁场绕组电路为:发电机正极→磁场绕组→调节器 F 接线柱→三极管 VT_2→调节器 E→搭铁→发电机负极。

发电机电压随转速升高而继续升高。

(3) 当发电机电压升高到等于调节上限 U_2 时,调节器开始工作。

电阻 R_1、R_2 分压,$U_{R1} = U_{VS} + U_{be1}$,VS 导通,$VT_1$ 导通,VT_2 截止,磁场电路被切断,发电机输出电压迅速下降。

当发电机电压下降到等于调节下限 U_1 时,电阻 R_1、R_2 分压减小,当 $U_{R1} < U_w + U_{be1}$,VS 截止,VT_1 截止,VT_2 重新导通,磁场电路重新被接通,发电机电压上升。

发电机电压升到调节上限时,VT_2 就截止,磁场电路被切断,输出电压下降;降到等于调节下限 U_1 时,磁场电路被接通,发电机电压上升,周而复始,发电机输出电压被控制在一定范围内。

配装外搭铁式晶体管调节器的发电机的输出电压上限 U_2 和下限 U_1 的差值很小,所以发电机的输出电压波动非常小,再加上电容的滤波,所以发电机的输出电压很稳定。

第五节 常见交流发电机的结构

交流发电机按照总体结构、调节器的结构和励磁绕组的搭铁形式分类有不同的类型,本节主要介绍常见的几种不同类型调节器的发电机电路和几种不同类型总体结构的发电机特点。

一、八管交流发电机

八管交流发电机和六管交流发电机的基本机构是相同的,所不同的是在原有六管发电机的整流器的基础上增加了 2 只中性点二极管,1 只正极管 VD_7 接在中性点和正极之间,1 只负极管 VD_8 接在中性点和负极之间。对中性点电压进行全波整流,如图 1-37 所示。

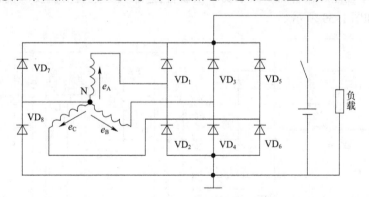

图 1-37 八管交流发电机

当中性点的电压高于发电机的输出电压时,二极管 VD_7 导通,此时电流由中性点→VD_7→发电机的 B→负载→任一只负极管→相应相绕组→中性点,形成回路。

当中性点的瞬时电压低于 0V 时,二极管 VD_8 导通,此时电流经中性点→任一相定子绕组→相应相的正极管→发电机的 B→负载→VD_8→中性点,形成回路。

这样,就能利用中性点电压来增加发电机的输出功率,在高速时,可以提高 10%~15% 的输出功率。

二、九管交流发电机

九管交流发电机的基本结构和六管交流发电机相同,不同之处在于整流器。九管交流发电机的整流器是由 6 只大功率整流二极管和 3 只小功率励磁二极管组成的交流发电机。其中 6 只大功率整流二极管组成三相全波桥式整流电路,对外负载供电。3 只小功率管二极管与 3 只大功率负极管也组成三相全波桥式整流电路专门为发电机提供励磁电流,所以称 3 只小功率管为励磁二极管,如图 1-38 所示。

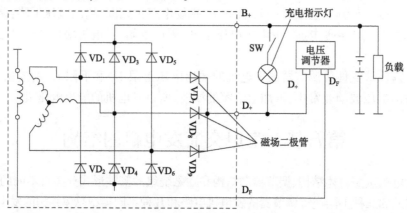

图 1-38　内搭铁式九管交流发电机电路图

三、十一管交流发电机

十一管交流发电机结构也和六管普通交流发电机相同,只是在原有六管整流器的基础上增加了 2 只中性点二极管和 3 只小功率三极管,它兼具了九管交流发电机和八管交流发电机的优点,如图 1-39 所示。

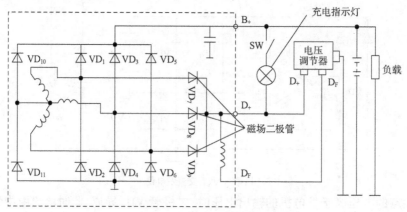

图 1-39　外搭铁式十一管交流发电机电路图

四、带泵交流发电机

带泵交流发电机的发电机与普通交流发电机完全一样,不同的是转子轴很长并伸出后端盖,利用外花键与真空泵的转子内花键相连接,驱动真空泵与发电机转子同步旋转,给汽车制动系中的真空筒抽真空,为制动系的真空增压器提供真空源,主要用于没有真空源的柴油机(汽油机可直接从进气歧管处取得真空。制动时因节气门几乎关闭而在进气歧管中形成高真空,而柴油机无节气门)。国产 JFB2525 型带泵交流发电机外形如图 1-40 所示。

图 1-40 带泵交流发电机

五、整体式交流发电机

整体式交流发电机将电压调节器装于交流发电机内部。一般配备集成电路调节器使用,其结构如图 1-41 所示。

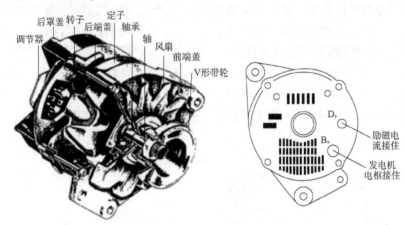

图 1-41 整体式交流发电机

六、双整流交流发电机

双整流发电机是一种新型交流发电机,它大大改善了普通交流发电机低速充电性能和高速最大功率输出,又不增设比较复杂的控制电路,因此,也没有增加充电系的故障率。

如图 1-42 所示,双整流发电机就是在普通交流发电机三相定子绕组基础上,增加绕组匝数并引出接线头,增加一套三相桥式整流器。低速时由原绕组和增绕组串联输出,而在较高转速时,仅由原三相绕组输出。工作中高低速供电电路的变换是自动的,未增设任何机电控制装置,其工作原理分析如下:在低速范围内,由于发电机转速低,三相绕组的串联输出,提高了发电机的输出电压,使发电机低速充电性能大大提高;在高速范围内,随着发电机转速的增大,串接的三相绕组的感抗增大,内压降增大,再加上电枢反应加强,使输出电压下降。这时原三相绕组 A、B、C 因内压降较小,产生的感应电流相对较大,确保高速下的功率输出。

双整流发电机具有如下优点:

(1)既降低了发电机的充电转速,又保证了高速大电流输出,提高了发电机的有效功率。

双整流发电机比普通发电机最低充电转速降低了 200~300r/min,在低速下发电机即可输出 10A 的电流;而额定电压及额定电流下的转速不大于 2500r/min。

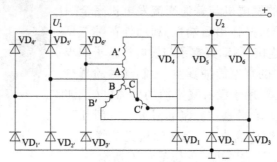

图 1-42 双整流交流发电机

(2)结构简单,工作可靠,只在定子槽中增加绕组匝数,增加了一套三相桥式整流。

七、水冷式交流发电机

水冷式交流发电机利用水来代替风扇进行冷却,交流发电机主要的发热部位是定子,水冷式交流发电机重点冷却部分就是定子及绕组。发电机的前端盖和后端盖用铝材料制成,开有水道槽。定子及线圈绕组用合成树脂固定密封,定子与转子之间有铝质围板与水道隔离。水道与进水管和出水管连通,进水管和出水管分别与发动机冷却液系统连通。这样,当发动机运转时,冷却液在发动机水泵的带动下循环流动,通过发电机壳体,可以有效地冷却定子线圈绕组、定子铁芯,同时也冷却转子、内藏式调节器和轴承等其他发热零部件,如图 1-43 所示。

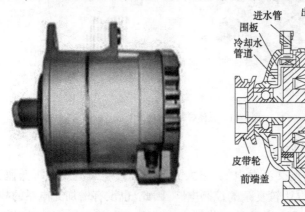

图 1-43 水冷式交流发电机外形与结构

水冷式交流发电机与风冷式交流发电机相比,内部构造复杂了,防漏密封要求提高了,成本也会增加。同时因连接水管的问题,安装布置受到诸多限制,自由度减少了。但是,水冷式交流发电机的发电及低噪声性能,是风冷式交流发电机无法比拟的。

第六节 电源系统的控制电路

图 1-44 为大宇客车电源供电电路,对此图进行分析,可以从以下几条电路来理解电源系统的控制电路。

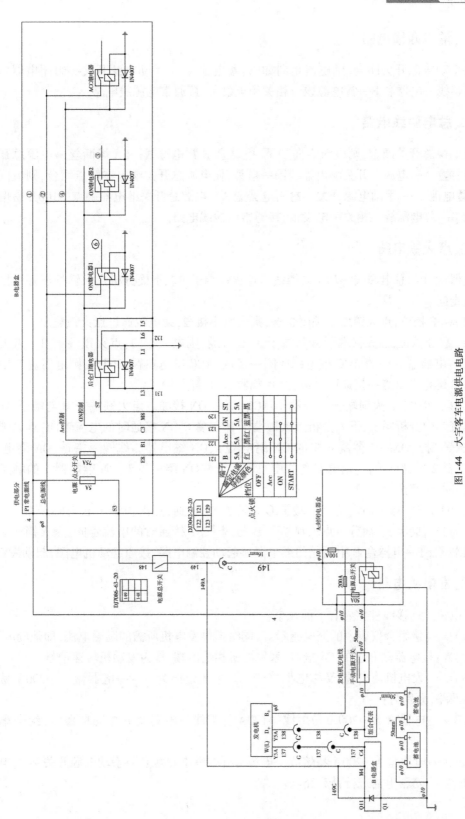

图1-44 大宇客车电源供电电路

一、常电源线电路

将手动电源开关闭合,则电流走向如下:蓄电池+→手动电源开关→封闭电器盒A→50A易熔线→电器盒B→常电源线→相关用电设备,接通常电源线电路。

二、总电源线电路

将电源总开关闭合,则电流走向如下:电器盒B常电源线→5A熔断丝→电源总开关→封闭电器盒A→电源总开关继电器线圈→搭铁,使电源总开关继电器触点闭合,则电流走向如下:蓄电池+→手动电源开关→封闭电器盒A→电源总开关继电器触点→100A易熔线→电器盒B→总电源线→相关用电设备,接通常电源线电路。

三、点火锁电路

电器盒B内总电源线→75A易熔线→点火锁端子B。下面分析点火锁处于各个挡位时的电流走向。

(1) OFF挡位,点火锁处于关闭状态,则电路不接通,无电流通过点火锁流出。

(2) ACC挡位,点火锁端子B与端子ACC接通,则电流走向:点火锁端子B→点火锁端子ACC→电器盒B中的ACC继电器线圈→搭铁,ACC继电器触点闭合,则电器盒B中总火线→ACC继电器触点→接通附件电源(比如收音机等附件)。

(3) ON挡位,点火锁端子B与端子ACC、端子ON接通。点火锁端子B与端子ACC接通后电流走向分析同上,下面分析点火锁端子B与端子ON接通时的电流走向:点火锁端子B→点火锁端子ON→电器盒B中的ON继电器1、ON继电器2线圈→搭铁,ON继电器1、ON继电器2的触点闭合,则电器盒B中总电源线→ON继电器1、ON继电器2的触点→除起动机外的全车全部电源。

(4) ST挡位,点火锁端子B与端子ON、端子ST接通,点火锁端子B与端子ON接通后电流走向分析同上,下面分析点火锁端子B与端子ST接通时的电流走向:点火锁端子B→点火锁端子ST→电器盒B中后舱门继电器→起动控制电路,接通起动机电源,起动发动机。

四、发电机电路

发电机上的接线柱主要有下面几个:

(1) D+:接组合仪表中的充电指示灯,同时提供发电机所需的励磁电流,即他励电流。

(2) W:接电器盒B上的C4接口,系发电机相输出端,作为发动机转速信号。

(3) B+:发电机输出端,又称电枢接线柱。电流走向为B+→电器盒A→200A易熔线→分为两路,分别为:

①B+→电器盒A→200A易熔线→100A易熔线→电器盒B中总电源线,给全车提供电能。

②B+→电器盒A→200A易熔线→电源总开关继电器触点→手动电源开关→蓄电池+→蓄电池-,对蓄电池进行补充充电。

第二章 起动系统

要使发动机由静止状态过渡到工作状态,必须用外力转动发动机的曲轴,使汽缸内吸入(或形成)可燃混合气并燃烧膨胀,工作循环才能自动进行。曲轴在外力作用下开始转动到发动机开始自动地怠速运转的全过程,称为发动机的起动。现代汽车发动机以电动机作为起动动力。起动系统主要由蓄电池、点火开关、起动继电器、起动机等组成。起动系统的功用是通过起动机将蓄电池的电能转换成机械能,起动发动机运转。

客车发动机起动系统主要由蓄电池、点火开关、起动机等部件组成,有些车型还带有起动继电器以用来保护点火开关,如图 2-1 所示。

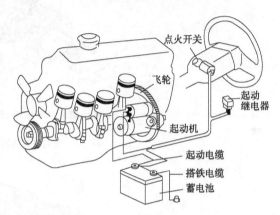

图 2-1 客车发动机起动系统组成

第一节 起动机的结构与工作原理

起动机是汽车起动系统的主要组成部分,其主要功用是起动发动机。电磁操纵强制啮合式起动机结构较简单,故应用较多。它由直流电动机、传动装置和控制机构三部分组成,其结构如图 2-2 所示。

直流电动机的主要功用是将蓄电池的电能转换为机械能产生发动机起动时所需要的转矩。

传动装置又称啮合机构,它在发动机起动时,把直流电动机产生的电磁转矩传给曲轴;当发动机起动后,能够自行打滑,防止反转,保护起动机。

操纵机构是用来接通或断开直流电动机与蓄电池之间的主电路。

一、起动机的结构

(一) 直流电动机

现代汽车起动机一般使用直流串励式电动机,其励磁绕组与电枢绕组串联。主要由电枢、磁极、电刷及电刷架、壳体及前后端盖等组成,如图 2-3 所示。

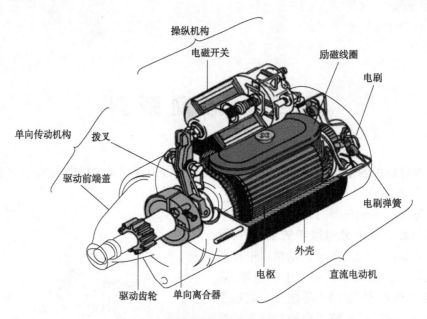

图 2-2 电磁操纵强制啮合式起动机的组成

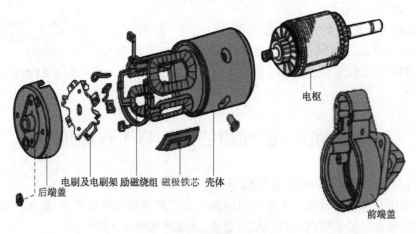

图 2-3 直流串励式电动机结构

1. 磁极

磁极是用来产生电动机的磁场,它由磁极铁芯和磁场绕组两部分组成,如图 2-4 所示。

磁极铁芯一般由低碳钢制成,并用螺钉固定在壳体的内壁上,其上套有磁场绕组;磁场绕组是用矩形裸铜线绕制,4 个(6 个)绕组按一定方向连接,绕组通电后产生磁场,将磁极磁化,各磁极的内侧形成 N、S 极相间排列的形式,在磁极、外壳和电枢铁芯之间形成磁路,如图 2-5 所示。

磁场绕组的连接方式有两种方式:一种是四个绕组依次串联后再与电枢绕组串联;另一种是磁场绕组两两串联后再并联,然后与电枢绕组串联,如图 2-6 所示。采用后一种方法,电动机电阻很小,可以获得更大的电枢电流。

为了增大起动机的转矩,电动机采用多磁极,一般为 4 磁极(2 对)。功率大于 7.35kW 的起动机有采用 6 磁极的。

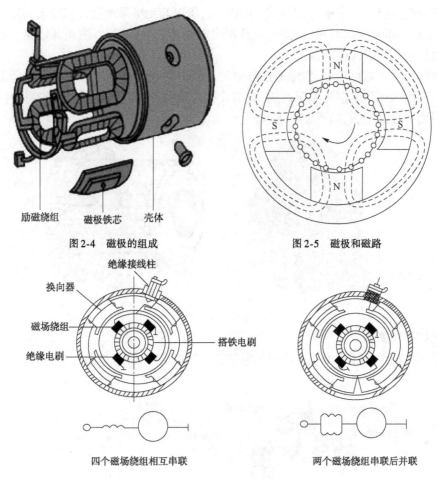

图2-4 磁极的组成　　　　图2-5 磁极和磁路

图2-6 磁场绕组连接方式

2. 电枢

电枢又称转子，通电时会在磁极内旋转，产生电磁转矩，由铁芯、电枢绕组、电枢轴及换向器组成，如图2-7所示。

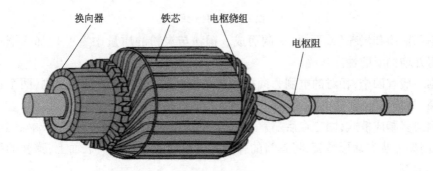

图2-7 电枢结构

电枢铁芯由多片互相绝缘的硅钢片叠成，借内圆面的花键槽压装在电枢轴上，其外圆表面有槽，用来安装电枢绕组。

电枢绕组嵌装在铁芯槽内,因电枢电流很大,所以其绕组采用截面积较大的矩形裸铜线绕制,并用绝缘纸在铜线与铜线之间,以及铜线与铁芯之间隔开,以防止其短路。电枢绕组的各线圈的端头均焊在换向器上。

换向器压装在电枢轴上,作用是把电刷的直流电转变为电枢绕组中的导体所需要的交变电流。它由燕尾形的铜片叠压而成,该铜片称为换向片,相邻换向片以及换向片与轴套、压环之间用云母片绝缘,如图2-8所示。

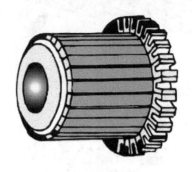

图2-8 换向器

3. 电刷和电刷架

电刷和电刷架的作用是将电流引入电枢使之产生定向转矩,如图2-9所示。

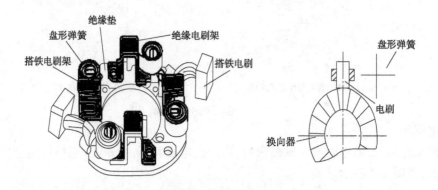

图2-9 电刷和电刷架

电刷用铜粉和炭粉(或石墨)压制而成。铜粉与炭粉的质量比为4:1,加入铜粉是为了减少电阻并增加耐磨性。

电刷一般有四个,相对的电刷为同极。两个负电刷搭铁,称为搭铁电刷;两个正电刷接磁场线圈,与端盖绝缘,称为绝缘电刷,它们装在电刷架中。

电刷架多制成框式,固定在后端盖上,安装绝缘电刷用的绝缘电刷架与端盖间由绝缘垫隔开;电刷架上装有盘形弹簧,将弹簧的弹力将电刷压紧在换向器表面上,弹簧的弹力一般为11.7~15N。

4. 前后端盖与轴承

电动机的端盖有前后之分。前端盖用钢板压制,内装电刷架。后端盖用灰铸铁或铝合金铸造,内装电动机传动机构,设拨叉座及驱动齿轮行程调整螺钉。它们分别装在机壳的两端,用两个长螺栓与机壳相连,如图2-3所示。两端盖上都压装着滑动轴承,有些起动机采用滚动轴承。因电枢轴较长,故在后端盖上还装有带滑动轴承的中间支承板,它与后端盖间形成的一个较大空腔用来安装传动机构。轴承采用青铜石墨轴承或铁基含油轴承,可承受冲击性载荷。

5. 机壳

机壳为基础件,并起导磁作用,用钢管制成,其一端开有窗口,作为观察电刷与换向器之用,平时用防尘箍盖住。机壳上只有一个与外壳绝缘的电源接线柱,并在机壳内部与磁场绕组的一端相接。

(二)传动装置

传动装置又称单向传动机构,由单向离合器和传动拨叉等部件组成,如图2-2所示。作用是在发动机起动时,使驱动小齿轮与飞轮齿圈啮合,传递电动机转矩以起动发动机,在发动机起动后自动打滑,保证电枢不致飞散损坏。

以强制啮合式传动装置为例说明其工作原理,如图2-10所示。在电磁开关的作用下,驱动齿轮与飞轮齿圈进入啮合,当二者完全啮合后,主电路接通,电枢轴开始带动发动机曲轴旋转。发动机起动后,驱动齿轮与飞轮齿圈仍处于啮合状态,单向离合器打滑,驱动齿轮在飞轮的带动下空转。起动结束后,驱动齿轮在电磁开关的作用下,与发动机飞轮齿圈脱离啮合。

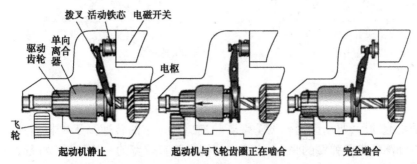

图2-10 强制啮合式起动机工作原理

传动拨叉结构比较简单,主要介绍单向离合器的结构与原理。常见单向离合器有滚柱式、弹簧式和摩擦片式三种,本节主要介绍滚柱式单向离合器的结构与原理。

滚柱式单向离合器外形如图2-11所示,其结构如图2-12所示。

滚柱式单向离合器驱动齿轮与外壳制成一体,十字块与花键套筒制成一体,在外壳与十字块形成的4个楔形槽中分别装有一套滚柱与压帽弹簧,滚柱在压帽弹簧张力的作用下,处在楔形空间的窄端。花键套筒外面装有移动衬套及缓冲弹簧。整个离合器总成利用花键套筒套在电枢轴的花键上,拨叉拨动移动衬套时,离合器总成可在电枢轴上作

图2-11 滚柱式单向离合器实物图

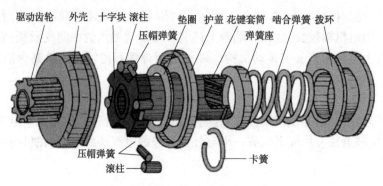

图 2-12 滚柱式单向离合器的结构

轴向移动,但花键套筒及十字块都要随电枢轴移动。

如图 2-13a)所示,发动机起动时,拨叉使离合器总成沿电枢轴花键移动,驱动齿轮啮入发动机飞轮齿圈,然后起动机通电旋转,转矩由花键套筒传至十字块,十字块与电枢轴一同转动。此时,由于飞轮齿圈瞬间制动,就使滚柱在摩擦力的作用下,滚入楔形槽的窄端而卡死。于是驱动齿轮和花键套筒成为一体,带动飞轮起动发动机。

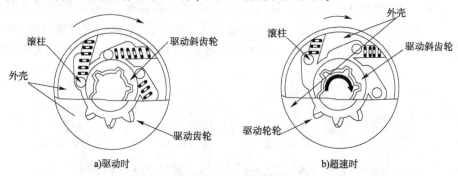

图 2-13 滚柱式单向离合器工作原理

当发动机起动后,驱动齿轮被飞轮带着超速旋转。它的转速高于电枢转速,此时,驱动齿轮尾部带动滚柱克服弹簧的张力,使滚柱向楔形腔室较宽的一边滚动,如图 2-13b)所示。滚柱在驱动齿轮尾部与外座圈间发生滑摩,导致驱动齿轮和外座圈以及电枢脱离联系,此时仅驱动齿轮随飞轮旋转,从而避免了电枢超速旋转导致在强离心力作用下甩出的危险。

滚柱式单向离合器结构简单、体积小、工作可靠,一般不需调整,在现代汽车上被广泛采用。但它不能传递大的转矩,在大功率起动机上使用受到限制。

(三)操纵机构

操纵机构,又称控制机构、电磁开关,其作用是控制单向离合器和飞轮的啮合与分离,其外形如图 2-14 所示。

如图 2-15 所示,电磁开关主要由吸拉线圈、保持线圈、复位弹簧、活动铁芯、接触片等组成。吸拉线圈的导线粗、匝数少,保持线圈的导线细、匝数多,吸拉线圈和保持线圈并联,和励磁绕组串联;保持线圈的一端接在"50"端子,另一端直

图 2-14 电磁开关

接搭铁;电磁开关上的"30"端子接至蓄电池正极;"C"端子接起动机励磁绕组;吸拉线圈和保持线圈的公共端"50"端子接点火开关"ST"接柱。

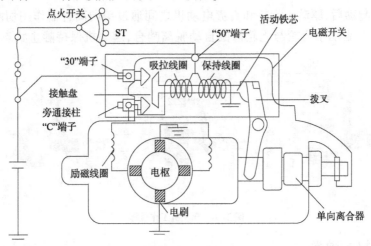

图 2-15　起动机控制电路

电磁开关工作过程:

(1)点火开关接至起动挡时,接通吸拉线圈和保持线圈,其电路为:蓄电池正极→熔断器→点火开关"ST"→"50"端子→分两路:一路经吸拉线圈→旁通接柱"C"端子→励磁绕组→电枢绕组→搭铁 →蓄电池负极;另一路经保持线圈→搭铁→蓄电池负极。

此时,吸拉线圈与保持线圈产生的磁场方向相同,在两线圈电磁吸力的作用下,活动铁芯克服复位弹簧的弹力而被吸入。拨叉将单向离合器驱动齿轮推出使其与飞轮齿圈啮合。

齿轮啮合后,接触盘将"30"端子和旁通接柱"C"端子接通,蓄电池便向励磁绕组和电枢绕组供电,电枢产生转矩带动发动机飞轮转动。此时,吸拉线圈被短路,齿轮的啮合位置由保持线圈的吸力来保持。

(2)断开点火开关时,起动机主电路被切断,此时保持线圈和吸引线圈串联,其电流回路为:蓄电池正极→电磁开关"30"端子→接触盘→吸引线圈→保持线圈→搭铁→蓄电池负极。因此时吸拉线圈和保持线圈的电流方向相反,产生反方向的磁场,互相抵消,活动铁芯在复位弹簧的作用下迅速复位,使驱动齿轮与发动机的飞轮齿圈脱开啮合,起动机停止工作,起动完毕。

二、起动机工作原理

如图 2-16a)所示,起动时,接通起动开关,起动机电路通电,继电器的吸引线圈和保持线圈通电,产生很强的磁力,吸引铁芯右移,并带动驱动杠杆绕其销轴转动,使齿轮移出与飞轮齿圈啮合。与此同时,由于吸引线圈的电流通过电动机的绕组,电枢开始转动,齿轮在旋转中移出,减小冲击。

如果齿轮与飞轮齿端相对,不能马上啮合,此时弹簧压缩,当齿轮转过一个角度后,齿轮与飞轮迅速啮合。当铁芯移动到使短路开关闭合的位置时,短路线路接通,吸引线圈被短路,失去作用,保持线圈所产生的磁力足以维持铁芯处于开关吸合的位置,如图2-16b)所示。

在发动机起动后,驱动小齿轮和直流电动机之间通过单向离合器作用切断动力传递路径;起动完毕时,驱动小齿轮与飞轮齿圈自动脱离啮合,起动机保持静止状态,如图2-16c)所示。

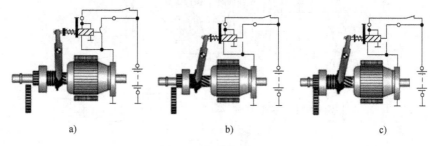

图2-16 起动机工作过程

三、起动机的种类

1. 起动机的类型

起动机种类繁多,形状各异,分类方法也各不相同,常用的分类方式见表2-1。

表2-1 起动机的类型

分类方式	类　型
按磁场产生的方式	励磁式起动机
	永磁式起动机
按控制机构	直接操纵式起动机
	电磁操纵式起动机
按传动机构	惯性啮合式
	强制啮合式
	电枢移动啮合式
	齿轮移动式
	减速式
按转矩传递方式	直接传矩式
	减速传矩式

2. 起动机型号

根据《汽车电气设备产品型号编制方法》(QC/T 73—1993)规定,起动机的型号由五部分组成,如图2-17所示。

(1)产品代号:有 QD、QDY、QDJ 三种。QD 表示普通电磁式起动机;QDJ 表示减速起动机;QDY 表示永磁起动机(包括永磁减速起动机),J、Y 分别表示"减""永"。

(2)电压等级:用一位阿拉伯数字表示,1 表示 12V,2 表示 24V。

(3)功率等级:用一位阿拉伯数字表示,见表2-2。

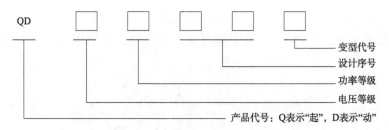

图2-17 起动机型号表示的含义

起动机功率等级 表2-2

功率等级代号	1	2	3	4	5	6	7	8	9
功率(kW)	<1	1~2	2~3	3~4	4~5	5~6	6~7	7~8	>8

(4)设计序号:按产品设计的先后顺序,用1~2位阿拉伯数字表示。

(5)变型代号:主要电气参数和基本机构不变的情况下,一般电气参数和某些结构的改变称为变型,用A、B、C……顺序依次表示。

例如:QDY1211表示额定电压为12V,功率为1~2kW,第11次设计的永磁式起动机。

第二节 减速型起动机的结构与工作原理

在电枢轴和驱动齿轮之间装有减速装置的起动机称为减速型起动机,它通过减速装置使驱动齿轮的转速降低并使转矩增加。

一、减速型起动机的优点

和传统起动机相比,减速型起动机具有以下优点:

(1)起动转矩增大,起动可靠,有利于低温起动。

(2)起动机体积小,总长度可缩短20%~30%,便于外部安装。

(3)单位质量的输出功率增加。

(4)减轻了蓄电池的负担,延长了使用寿命。

二、减速型起动机的结构与工作原理

减速型起动机主要由电磁开关、减速装置(主动齿轮、减速齿轮)、电动机及单向离合器等部分组成,如图2-18所示。

1. 电动机

减速型起动机采用小型、高速、低转矩的电动机,其转速可达15000~20000r/min,按电动机磁场类型可分为永磁式和电磁式两种。永磁式电动机不需要磁场绕组,节省材料,体积小,换向性能好,用在小功率起动机上;电磁式适用于输出功率大于1.9kW的起动机上。

2. 减速装置及其工作原理

在电动机的电枢轴和输出轴之间,设置了齿轮减速装置,齿轮减速比一般为3~5。通过转矩的倍增作用,使起动机的输出特性适应发动机的起动要求。

电动机的输出功率 P_i 等于电枢传给减速装置的转矩 M_i 与电枢轴的角速度 ω_i 的乘积,即:

$$P_i = M_i \omega_i$$

减速装置输出轴上的功率 P_0 等于减速装置输出轴上的转矩 M_0 与其角速度 ω_0 的乘积，即：

$$P_0 = M_0 \omega_0$$

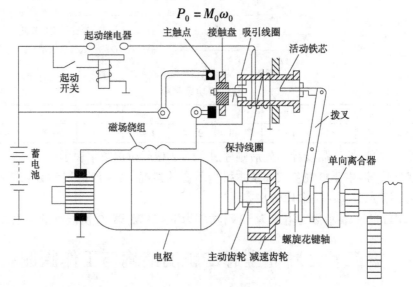

图 2-18 减速起动机的结构

如果忽略减速装置上的机械损失，则 $P_i = P_0$，即 $M_i \omega_i = M_0 \omega_0$，由此可得：

$$M_0 = \frac{\omega_i}{\omega_0} M_i$$

由齿轮传动原理可知 $\frac{\omega_i}{\omega_0} = \frac{n_i}{n_0} = \frac{Z_0}{Z_i} = 3 \sim 5$，可得：

$$n_0 = \frac{Z_i}{Z_0} n_i$$

$$M_0 = \frac{Z_0}{Z_i} M_i = (3 \sim 5) M_i$$

可以看出，经过齿轮减速机构后，输出转矩较输入转矩增加了 3~5 倍。而转速则降低了 3~5 倍。

3. 传动机构及控制装置

减速型起动机的传动机构仍采用滚柱式单向离合器，结构形式和普通起动机相同，但耐冲击要求提高了；减速型起动机的电磁开关和普通起动机相同。

三、减速型起动机的类型

减速型起动机的减速装置有外啮合式、内啮合式、行星齿轮式三种，如图 2-19 所示。

(1) 外啮合式减速装置，其主动齿轮轴和从动齿轮轴轴线平行，偏心距约为 30mm，它具有结构简单、工作可靠、噪声小、便于维修等优点，适用于功率较小的起动机。

(2) 内啮合式减速装置和外啮合式一样，其主动齿轮轴和从动齿轮轴轴线平行，但偏心矩较小，约为 20mm，故工作可靠，但噪声大，一般用于输出功率较大的起动机。

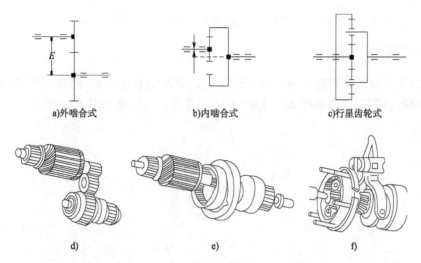

图 2-19 减速装置的种类

(3)行星齿轮式减速装置,其主动齿轮轴与从动齿轮轴轴线重合,偏心距为零,有利于起动机的安装,因扭力负载平均分布到几个行星齿轮上,故可采用塑料内齿圈和粉末冶金的行星齿轮,减轻了质量又抑制了噪声,因此应用广泛。

三种减速装置的性能比较见表 2-3。

三种减速装置的性能比较 表 2-3

传动方式	外啮合式	内啮合式	行星齿轮式
齿轮数量	2	2	5
中心距	$C = m/2(z_s + z_c)$	$C = m/2(z_s - z_c)$	0
传动比	$i = z_s/z_c$(较小)	$i = z_s/z_c$(较大)	$i = 1 + z_s/z_c$(较大)
减速比	$1 < j < 5$	$2.5 < j < 5$	$3.8 < j$
噪声	低	高	低
可靠性	高	高	低

注:z_s 为主动齿轮的齿数,z_c 为从动齿轮齿数,m 为齿轮模数。

四、减速型起动机的结构特点

(1)动力输出机构分为电枢轴和传动轴两部分。电枢轴两端用滚珠轴承支承,负荷分布均匀,使用时间长,不易磨损,电枢较短,不易出现电枢轴弯曲、磨坏磁场绕组的情况。

(2)采用了减速装置,在转子和驱动齿轮之间,安装有减速齿轮,电动机传递给起动齿轮的转矩就会增大。

(3)减速型起动机采用电磁开关操纵,使得承担电动机(经减速齿轮后)的动力输出的是起动齿轮和起动齿轮轴,而单向离合器部分不动。有些减速型起动机还备有辅助开关(或称副开关),它的作用是防止烧坏电磁开关和起动开关。

第三节 起动系统的控制电路

一般汽车起动机的控制都是由点火开关 ST 挡来控制的。起动系统的控制电路一般分为无继电器控制式、带起动继电器控制式和带组合继电器控制式三种。

一、无继电器控制式

无继电器控制式是指起动机由点火开关或起动按钮直接控制,通常用于较小功率起动机的微型汽车、轿车上,如丰田 AE、桑塔纳、帕萨特等。其电路如图 2-20 所示。

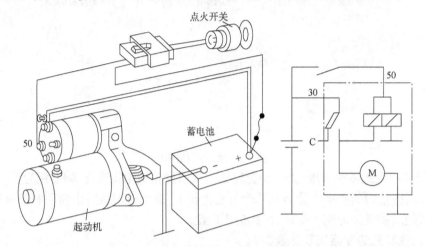

图 2-20 无继电器控制式起动系统

当点火开关未置于起动 ST 挡时,蓄电池经点火开关给电磁开关 50 接线柱供电而使起动机运转。

二、带有起动继电器的起动系统控制电路

当汽车采用较大功率的起动机时,为了减少通过点火开关的电流强度,从而避免开关烧蚀,常用起动继电器的触点控制大电流,而用点火开关起动挡控制继电器线圈的小电流。其控制电路如图 2-21 所示。

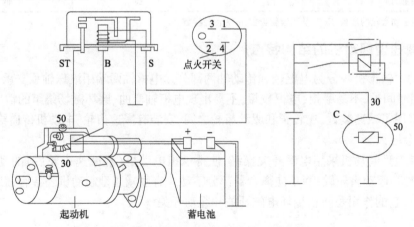

图 2-21 带有起动继电器的起动系控制电路

当点火开关置于起动 ST 挡时,蓄电池经点火开关给起动继电器中的磁化线圈供电(电流很小),在电磁吸力的作用下,继电器中的动合触点闭合,这样蓄电池电流经主接线柱 30

→继电器的触点→起动机电磁开关上的起动接线柱50→吸引线圈和保持线圈,起动机开始正常工作。

发动机起动后,离合器打滑,只要松开点火开关,即可自动回到点火挡。此时,起动继电器中的电流中断,触点打开,切断起动机主电路,起动机停止工作。

三、带组合继电器的起动系统控制电路

带组合继电器的控制电路,具有安全保护功能,即当发动机起动后,若驾驶人未即时释放起动开关或在行车过程中,由于误操作而接通起动开关时,保证起动机不工作,以保护起动机机件不被损坏。

组合式继电器多由起动继电器和保护继电器(充电指示继电器)组合而成,如图2-22所示。起动继电器中的动合触点用来接通或切断吸引线圈和保持线圈电流电路;继电器电磁铁线圈电流通路由点火开关控制,经保护继电器动断触点搭铁。保护继电器(充电指示继电器)具有一对动断触点,其电磁线圈由发电机中性点供电,以控制充电指示灯的亮灭,显示发电机工作状态。

带组合继电器的控制电路,具有安全保护功能,即当发动机起动后,若驾驶人未即时释放起动开关或在行车过程中,由于误操作而接通起动开关时,保证起动机不工作,以保护起动机机件不被损坏。

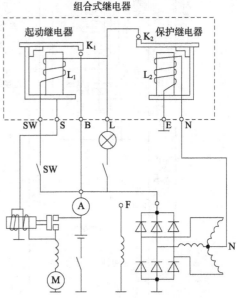

图2-22 带组合继电器的起动系统控制电路

四、起动系统电路实例

以宇通客车6129H型为例,如图2-23所示,其起动系统包括蓄电池、起动机、电磁式电源总开关、点火开关、起动继电器、起动保护继电器、安全开关、后舱门开关、空挡开关、后起动按钮以及电气附件等。

起动系统的电器原理如图2-23所示,驾驶人可采取在驾驶室和后舱体(检修发动机时)两种方式起动车辆。

驾驶人在驾驶室起动车辆时,应首先保证后舱门处于关闭状态,按下仪表台上的电源总开关,接通电磁式电源总开关,当点火开关位于"ST"位置时,起动保护继电器和点火继电器吸合,蓄电池电流经过电磁式电源总开关→电器盒熔断丝→点火继电器动合触点→熔断丝→空挡开关→起动保护继电器动合触点→后舱门开关→安全开关向起动继电器线圈端供电,起动继电器吸合,蓄电池电流经过电磁式电源总开关→易熔线→起动继电器动合触点向起动机电磁开关线圈供电,接触盘和拨叉动作,接通蓄电池到起动机的电源电路,起动机转动,使驱动齿轮与齿圈啮合,起动机带动发动机转动,发动机起动后,松开点火开关使其自动恢复至"ON"位置。

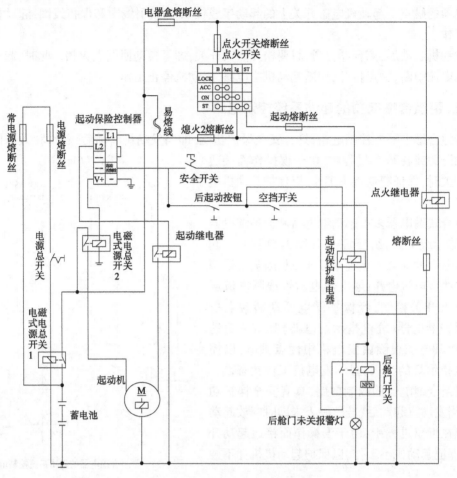

图 2-23 宇通客车 6129H 起动电路图

驾驶人在后舱体起动车辆时(副起动控制盒下图 2-24 所示),按下仪表台上的电源总开关,接通电磁式电源总开关,当点火开关位于"ON"位置时,按下后起动按钮,此时蓄电池电流经过电磁式电源总开关→电器盒熔断丝→点火继电器动合触点→熔断丝→空挡开关→后起动按钮向起动继电器线圈端供电,起动继电器吸合,蓄池电流经过电磁式电源总开关→易熔线→起动继电器动合触点向起动机电磁开关线圈供电,接触盘和拨叉动作,接通蓄电池到起动机的电源电路,起动机转动。

图 2-24 宇通客车副起动控制盒

第三章 照 明 系 统

第一节 照明系统概述

一、汽车照明设备的种类及用途

汽车上的照明设备和灯光信号装置,俗称灯系,是汽车上不可缺少的一部分。而照明设备主要用于夜晚照明道路,标示车辆宽度,照明车厢内部、仪表及夜间检修等,如图3-1～图3-3所示。

汽车照明灯种类繁多,常见的汽车照明灯见表3-1。

汽车照明灯的种类、特点及用途　　　　　　表3-1

种类	外照明灯			内照明灯		
	前照灯	雾灯	牌照灯	顶灯	仪表灯	行李舱灯
安装位置	汽车头部侧有两灯、四灯	汽车头部、尾部	汽车尾牌照上方或左右	汽车内部	汽车仪表板内部	行李舱内部
工作时的特点	白色常亮远近光变化	黄色或白色单丝常亮	白色常亮	白色常亮	白色常亮	白色常亮
功率	40～60W	前45W 后21W或6W	5～10W	5～15W	2W	5W
用途	为驾驶人安全行车提供保障	雨、雪、雾天保证有效照明及提供信号	用于照亮汽车尾部牌照	用于夜间车内照明	用于夜间观察仪表时的照明	用于夜间拿取行李物品时的照明

二、照明装置的组成

(一) 车外照明

车外照明又可分为车前照明以及车后照明。

1. 车前照明

车前照明各个灯系如图3-1所示。

1) 远光、近光前照灯

前照灯,俗称大灯,装在汽车头部的两侧,一般为40～60W,用来照亮车前的道路。有双灯制和四灯制之分。四灯制前照灯并排安装时,装于外侧的一对应为近、远光双光束灯;装

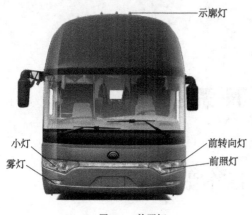

图 3-1 前照灯

于内侧的一对应为远光单光束灯。

2)雾灯

在有雾、下雪、暴雨或尘埃弥漫等情况下,用来改善道路的照明情况。每车一只或两只,安装位置比前照灯稍低,一般离地面 50cm 左右,射出的光线倾斜度大,光色为黄色或橙色(黄色光波较长,穿透性较好)。前雾灯的功率为 45W,后雾灯功率为 21W 或 6W,光色为红色,用来提醒尾随车辆保持安全间距。

3)驻车灯

装于车头和车尾两侧。要求从车前和车尾 150m 远处确认灯光信号,光色要求车前处的为白色,车尾处的为红色,夜间驻车时,将驻车灯接通标志车辆形位,此时仪表照明灯,牌照灯不亮,电池耗电比示廓灯小。

4)侧标志和轮廓灯

《机动车运行安全技术条件》(GB 7258—2012)规定空载,高 3m 以上的车辆均应安装示廓灯,示廓灯灯泡功率为 5W。

车轮廓立体指示灯在夜间无路灯情况下,不仅能给本车辆的前后人员指示本车辆外形轮廓,而且能在汽车掉头转弯的时候,清楚地给外界的人员指示本车辆的外形和通过外形感知本车辆运动方向。并对车辆产生一些装饰效果。

5)白天行驶灯(有些国家规定使用)

国外的研究表明,5%~15%的交通事故可以通过开灯驾驶来避免,在荷兰的一些城市,汽车白天行驶时开前灯,发生严重交通事故的概率下降了 5%~12%,开灯行驶对于驾驶人来说,可以保持随时的警惕,当发生紧急情况时,路面信息反应更迅速,而且更容易被其他驾驶人看到。

对路人或其他驾驶人来说,人眼对晃动的灯光特别敏感,车辆白天开灯行驶,更容易被看到,能减少交通事故的发生。建议汽车白天在高速路上行驶、在重要路段、与行人过路相交叉的地方以及在拐弯地段、高架路上行驶时开前灯。

2. 车后照明

装在车尾的灯,在恶劣天气和黑夜打开,表明车辆位置,也示意车辆当前和将要行驶的方向。制动灯表明车辆是否正在制动。转向信号灯示意所要改变的方向;当同时闪烁,则警告危急情况发生。在倒车时,倒车灯提供照明,如图 3-2 所示。

1)制动灯

每当踏下制动踏板时,便发出较强的红光,以示制动。功率为 21W,光色为红色,灯罩显示面积较后示廓灯大。

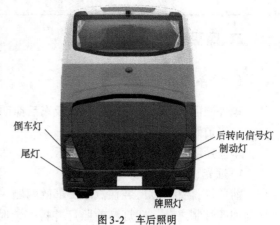

图 3-2 车后照明

2) 尾灯

装在汽车的尾部,夜间行驶时,用来警示后面的车辆,以便保持一定的距离。

3) 后转向信号灯

后转向信号常和尾灯制成双丝灯泡。转向时,灯光呈闪烁状,频率规定为 1～2Hz,起动时间不大于 1.5s。在紧急遇险状态需其他车辆注意避让时,全部转向灯可通过危险报警灯开关接通同时闪烁。

4) 倒车灯

倒车灯用来照亮车后路面,并警告车后的车辆和行人,表示该车正在倒车。功率为 21W,光色为白色,当变速器挂倒挡时,自动发亮,照明车后侧,同时提醒后方车辆与行人注意安全。

5) 牌照灯

牌照灯用来照亮汽车后部牌照。

(二) 车内照明

车内最重要的照明莫过于各控制器件和变速器的安全操作,以及反映操作情况的相应信息流(它们都应尽可能少分散驾驶人的注意力),而首先要求有良好照明的仪表板和各种控制件的单独照明灯(比如音响和导航系统的),以满足轻松和安全操作的基本要求。视觉和声音信号则应当按其优先顺序传给驾驶人。

1. 顶灯

轿车及载货汽车一般仅设一只顶灯,用作室内照明,还可以兼起监视车门是否可靠关闭的作用。只要有车门未可靠关紧,顶灯就发亮。客车根据车内面积的大小,安装有多个顶灯,如图 3-3 所示。

2. 阅读灯

安装于乘员席前部或顶部,聚光时乘员看书不会给驾驶人产生炫目现象,照明范围小,有的还有光轴方向调节机构,如图 3-4 所示。

图 3-3 客车顶灯

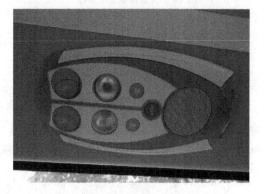

图 3-4 客车阅读灯

3. 行李舱灯

安装于轿车或客车行李舱内,当开启行李舱盖时,自动发亮。

4. 门灯

安装于轿车外张式车门内侧底部，光色为红色。夜间开启车门时，门灯发亮，以告示后来行人、车辆注意避让。

5. 踏步灯

安装在大中型客车乘员门内的台阶上，夜间开启车门时，照亮踏板，如图3-5所示。

6. 仪表照明灯

安装在仪表板反面，用来照明仪表指针及刻度板，如图3-6所示。

图3-5 踏步灯

图3-6 仪表照明灯

7. 仪表报警及指示灯

常见的有充电指示灯、机油压力过低报警灯、转向指示灯、远光指示灯等，报警灯一般为红色或黄色，指示灯一般为绿色或蓝色，如图3-7所示。

8. 工作灯

工作灯是车辆维修时可以移动使用的一种随车低压照明工具，电源来自发电机或蓄电池。常带有挂钩或夹钳，插头有点烟器式和两柱插头式两种。

图3-7 仪表报警及指示灯

三、汽车照明装置的技术要求

为保证汽车在夜间及能见度低的情况下安全行驶，对照明设备有如下的要求。

（一）汽车行进时的道路照

汽车行进道路照明是汽车夜间安全行车的必备条件。现代汽车车速较高，要求照明设备能提供车前100m以上明亮均匀的道路照明，随着车速的不断提高，要求道路照明的距离也相应增加；同时，应具有防止炫目的装置，确保夜间两车迎面相遇时，不使对方驾驶人因炫目而造成事故。

为了满足第一个要求，根据光路的可逆性原理，在前照灯的设计和制造上，装置了反射镜、配光镜和灯泡组成的光学系统。

为了满足第二个要求，对前照灯的使用作了必要的规章制约，同时还对灯泡结构作了合理的设计。

（二）汽车倒车时的照明

汽车倒车场地的照明是让驾驶人在夜间倒车时能看清车后的情况。

（三）牌照照明

能让其他行驶车辆驾驶人和行人看清车辆的牌号，以便于安全管理。

（四）雾天行车的特殊照明

用以确保雾天行车的安全。

（五）车内照明

能保证车内人员看清仪表指示以及车内设施，上下门方便等。

第二节　前照灯结构与工作原理

一、前照灯的结构

汽车照明装置种类繁多，其中前照灯为典型代表。前照灯的光学系统由灯泡、反射镜、配光镜三部分组成，如图 3-8 所示。

（一）灯泡

1. 白炽（真空）灯泡

白炽灯泡是一种装有钨丝的热辐射器件，当电流通过钨丝时便能发出光亮。一只标准灯泡的发光能力不很大，其使用寿命受到钨丝蒸发的限制。蒸发出来的钨颗粒就附着在灯泡的内表面上。这样，前照灯就不能再使用白炽灯泡，而应采用卤素灯泡。但其他灯，包括倒车灯，还仍可使用白炽灯泡。

2. 卤素灯泡

H1、H3、H7、HB3 和 HB4 卤素灯泡只有一根灯丝，如图 3-9 所示，这些以及类似的灯泡用于近光前照灯和雾灯。H4 卤素灯泡是双丝灯泡，可以交替称为近光灯和远光灯。近光的一部分用一个遮光罩遮起来，在光线中形成一条明暗分界线，被遮挡的那部分近光最有可能产生眩光。一只额定功率为 60/55 的 H4 卤素灯泡，辐射光大致是 45/40W 双丝灯泡的两倍，而且内表面不会生雾，在其寿命期内保持透明。充入的卤素气体（碘和溴）可

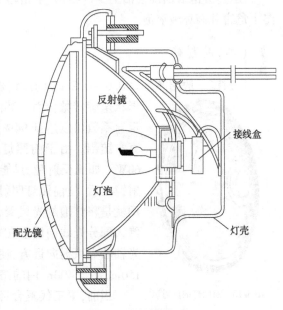

图 3-8　前照灯的组成

以使灯丝温度接近钨的熔点(3400℃左右)，相当于发光功率的高水平。靠近灯泡热表面的钨整齐与周围的卤素相结合，形成一种半透明的气体(卤化钨)，在200～1400℃的温度范围内都保持稳定。靠近灯丝的钨粒子由于扩散，与局部高温反应，又形成一层坚固的钨层。由于灯泡外部温度需要达到约300℃才能维持这一循环，所以石英泡壁与灯丝之间的距离必须非常小。这种设计的另一优点是可以用较高的充气压力，以消除钨的固有蒸发趋势。

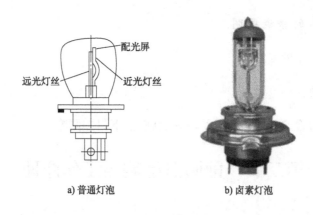

a) 普通灯泡　　　　　　b) 卤素灯泡

图3-9　普通灯泡及卤素灯泡

注意：灯泡表面即使沾上少许油污、手指印之类的痕迹，都会成为一层有害的物质，在高温下危害并破坏玻璃泡。

(二) 反射镜

反射镜一般用厚度为0.6～0.8mm的薄钢板冲压而成，如图3-10所示。反射镜的表面形状呈旋转抛物面。其内表面镀银或镀铝，然后抛光。由于镀铝的反射系数可以达到94%以上，机械强度也较好，所以现在一般采用真空镀铝。由于前照灯灯泡灯丝发出的光度有限，功率仅为45～60W。如无反射镜，只能照清楚车辆前部6m左右的路面。而有了反射镜之后，使前照灯照射距离达到150m或更远。因此，反射镜的作用就是将灯泡的光线聚合并导向前方。灯丝位于焦点F上，灯丝的绝大部分光线向后射在立体角范围内，经反射镜反射后将平行于主光轴的光束射向远方，使光度增强几百倍，甚至上千倍，从而使车前150m，甚至400m内的路面照得足够清楚。

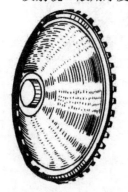

图3-10　前照灯的反射镜

当前，第三代复合镜面反射镜(SC3)将前两代的优越性结合在一起，既控制了光束的均匀性，也控制了光束的明暗截止线和图谱。SC3前照灯的配光镜玻璃完全透明，纯粹为了装饰的目的。这种配光镜会提高美学感染力和空气动力学特性。其表面经过先进的计算机分析技术进行计算，至少取50000个单个点，每个点都是正在设计中的前照灯模型上的特定点。

(三)配光镜

配光镜又称散光玻璃,它是用透光玻璃压制而成,是很多块特殊的棱镜和透镜的组合。其几何形状比较复杂,外形一般为圆形和短形,如图 3-11 所示。

配光镜的作用是将反射镜反射出的平行光束进行折射,使车前路面和路线都有良好而均匀的照明。而且使反射光束和任何漫射光重新分布,这样,将炫目降低到最低程度的情况下,可取得更好的道路照明总体效果,如图 3-12 所示。

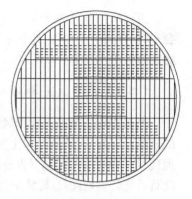

图 3-11 配光镜的几何形状

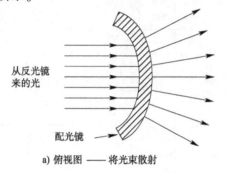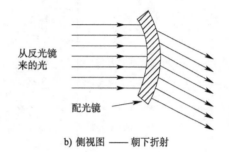

图 3-12 配光镜将光束散射或折射

配光镜可以弥补具有反射镜的前照灯因为光束太窄、照明不大的缺点。许多前照灯现在都采用透明配光镜,这就意味着所有的光线方向都受反射镜的控制。

二、前照灯避免炫目的措施

光源发出的强光束突然射入人的眼睛,刺激视网膜,人眼就会因瞳孔来不及收缩而本能地闭合眼睛,或只看见亮处而看不见暗处物体的生理现象(即视盲)称为炫目。夜间行驶时,汽车前照灯的强光束易造成对面车辆的驾驶人炫目,易引发交通事故。为保障夜间的会车安全,汽车前照灯必须具有良好的防炫目措施。目前,汽车前照灯的防炫目措施主要有如下 4 种。

(一)采用双丝灯泡远近光变换

远光灯丝位于反射镜的焦点上,功率为 45~60W;近光灯丝位于反射镜焦点前上方,功率为 20~50W,如图 3-13 所示。

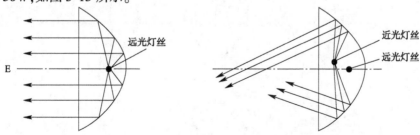

图 3-13 采用双丝灯泡

当夜间行车对面无来车时,接用远光灯丝,使前照灯束射向远方,便于提高车速;当两车会车时,接用近光灯丝,使光束倾向路面,从而避免会车驾驶人的炫目,并使车前的50m内的路面照得十分清晰。

(二)采用带遮光罩的双丝灯泡

上述防炫目措施只能减轻炫目,还不能彻底防止炫目。因为近光灯丝射向反射镜下部的光线经反射后,将倾斜向上照射(高于主光轴),仍会使会车驾驶人炫目,为克服这一缺陷,现代汽车均在近光灯丝下方安装有遮光罩,如图3-14所示。这样,当使用近光灯时,遮光罩能将近光灯丝射向反射镜下部的光线遮挡住,无法反射,提高防炫目效果。

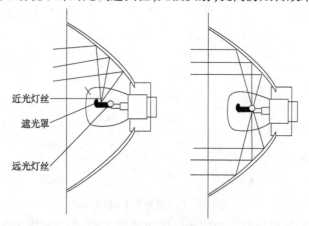

图3-14 带遮光罩的双丝灯泡

(三)采用非对称光形

这是一种新型的防炫目前照灯,安装时将遮光罩偏转一定的角度,使其近光的光形分布不对称,将近光灯右侧光线倾斜升高15°,如图3-15b)所示。

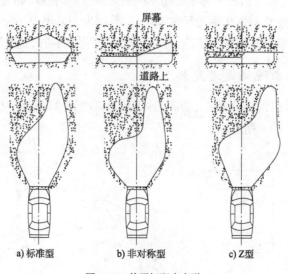

a) 标准型　　b) 非对称型　　c) Z型

图3-15 前照灯配光光形

第三章 照明系统

(四) Z 形光形

目前国外又发展了一种更优良的光形,由于明暗截止线呈 Z 形,故称 Z 形配光。它不仅可以防止驾驶人炫目,还可以防止迎面而来的行人和非机动车者炫目,进一步保证了汽车行驶的安全,如图 3-15c) 所示。

三、前照灯的类型

前照灯按不同的分类标准,种类是不一样的,其中按前照灯光学组件的结构不同,可将其分为可拆式、半封闭式和封闭式前照灯三种。

(一) 可拆式前照灯

反射镜和配光镜分别安装而构成组件,该灯气密性差,反射镜易受湿气和尘埃污染而降低反射能力,严重降低照明效果,目前已很少采用。

(二) 半封闭式前照灯

半封闭式前照灯的结构如图 3-16a) 所示,其配光镜靠卷曲反射镜边缘上的牙齿而紧固在反射镜上,两者之间垫有橡胶密封圈,灯泡只能从反射镜后端装入,如图 3-16b) 所示。当需要更换损坏的配光镜时,应撬开反射镜外缘的牙齿,安装上新的配光镜后,再将牙齿复原。由于这种灯具减少了对光学组件的影响因素,维修方便,因此得到广泛使用。

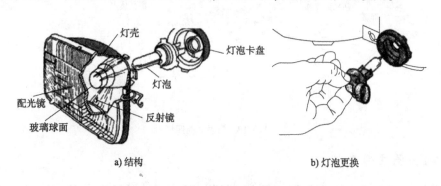

图 3-16 半封闭式前照灯的结构与灯泡更换

(三) 封闭式前照灯

封闭式前照灯(又称真空灯),其反射镜和配光镜用玻璃制成一体,形成灯泡,里面充以惰性气体。灯丝焊在反射镜底座上,反射镜的反射面经真空镀铝,其结构如图 3-17 所示。

由于封闭式前照灯完全避免反射镜被污染以及遭受大气的影响,因此其反射效率高,照明效果好,使用寿命长,得到了很快的普及。但当灯丝烧断后,需要更换整个总成,成本高,因此限制了它的使用范围。

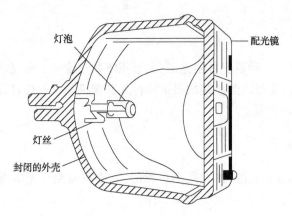

图 3-17 封闭式卤钨前照灯

四、其他类型前照灯

(一) 投射式前照灯

投射式前照灯的反射镜呈椭圆形状,有两个焦点,第一焦点处放置灯泡,第二焦点是由光线形成的。凸形配光镜聚成第二焦点,再通过配光镜将聚集的光投射到前方,投射式前照灯所采用的灯泡为卤钨灯泡。第二焦点附近设有折光板,可遮挡上半部分光,形成明暗分明的配光,如图 3-18 所示。由于它的这种配光特性,因此也可用于雾灯。

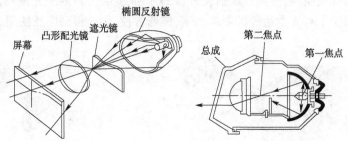

图 3-18 投射式前照灯

(二) 高亮度弧光灯

这种灯的灯泡里没有灯丝,取而代之的是装在石英管内的两个电极,管内充有氙气及微量金属(或金属卤化物),如图 3-19 所示。在电极上加上 5000~12000V 电压后,气体开始电离而导电。由气体原子激发到电极间少量汞蒸气弧光放电,最后转入卤化物弧光灯工作,采用多种气体是为了加快起动。

弧光式前照灯由弧光灯组件、电子控制器和升压器三大部分组成。气体放电灯充入惰性气体氙气和金属卤化物的化合物,同时还需要一个电子镇流器使它点火和工作。用 10~20kV 的点火电压使气体在电极之间发生电离,产生弧光放电电弧形状的导电路径。灯管用可调的交流电源(400Hz)加热,使充入的金属物质蒸发,从而辐射出亮光。

该照明系统较耐用,通常与车的整个寿命相当,无须更换。根据这种灯的性能可以设计出造型光滑且更为紧凑的前照灯。

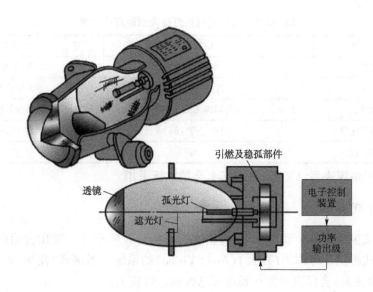

图 3-19 高亮度弧光灯

(三) 氙气前照灯

氙气灯是一种含有氙气的新型前照灯,又称高强度放电式气体灯,英文简称 HID(Intensity Discharge Lamp)。氙气灯打破了爱迪生发明的钨丝发光原理,在石英灯管内填充高压惰性气体——氙气,取代传统的灯丝,在两段电极上有汞和碳素化合物,透过安定器以 23000V 高压电流刺激氙气发光,在两极间形成完美的白色电弧,发出的光接近非常完美的太阳光。氙气灯比原车卤素灯亮度提高了 3 倍,具有色泽更好、接近阳光的颜色、色温穿透力更强、光照更远、性能更稳定、耗电更少的优点,如图 3-20 所示。

图 3-20 氙气前照灯

汽车氙气灯与传统卤素灯不同,这是一种高压放电灯,它的发光原理是利用正负电刺激氙气与稀有金属化学反应发光,因此灯管内有一颗小小的玻璃球,这其中灌满了氙气及少许稀有金属,只要用电流去刺激它们进行化学反应,两者就会发出高达 4000~12000K 温度的光芒。它采用一个特制的镇流器,利用汽车电池 12V 电压产生 23000V 以上的触发电压使灯启动。启动时 0.8s 的亮度是额定亮度的 20%,达到卤素灯的亮度,并使前照灯 4s 以内达到额定亮度的 80% 以上。在灯光稳定后,镇流器向灯泡提供约 80V 供电电压保持灯以恒定功率运转。

(四) LED 前照灯

新一代固态冷光源 LED 于 20 世纪 60 年代问世。1985 年被用于一辆客车上。1986 年 Nissan 公司在 300ZX 型汽车上使用了 72 只 φ5mm 的 LED 作为中央高位制动灯,标志着 LED 开始进入了汽车领域中的应用。LED 高位制动灯与白炽灯高位制动灯的参数比较见表 3-2。

LED 高位制动灯与白炽灯高位制动灯的比较　　　　表 3-2

参　数	LED 光源	白炽灯
功耗	低(2~3W)	高(21W)
寿命	高(10万 h 级)	低(300h 级)
抗振性	好(固体光源无灯丝)	差(灯丝易振断)
灯光响应速度	快(小于 1ms)	慢 140ms
结构适应性	好	差

从目前的情况来看，LED 灯在汽车上会被广泛采用。

(五)红外线车灯

红外线热成像系统将装到汽车上，有望提高夜间行驶安全性。通用公司的凯迪拉克车以选装件的形式提供一种称为(夜视)(Night Vision)的系统。当接通"夜视"系统时，"热"的目标(包括动物和人)会以白色影像显示在这种成像装置上。

该系统在前格栅之后的汽车中部的一个前照灯式的支架上安装一台摄像机，可对摄像机的朝向进行调节。安装在中间位置，是为了尽可能地减少碰撞。该装置像照相机，靠的是内部的一排铁电钛酸钡锶(BST)敏感元件，不用胶卷。

第三节　照明系统的控制电路

一、前照灯的延时控制

前照灯延时控制电路是使前照灯在关闭了点火开关及灯开关后，继续亮一段时间，然后自动熄灭，以便给驾驶人离开黑暗的停车场所提供照明。

图 3-21 所示为美国德克萨斯仪表公司制作的前照灯延时控制电路，其工作原理如下：当汽车停驶切断点火开关时，三极管 T_1 处于截止状态，此时电容器 C_1 立即经 R_3、R_4 开始充电，当 C_1 上的电压达到单结晶体管 T_2 的导通电压时，C_1 则通过其发射极、基极和电阻 R_7 放电，于是在 R_7 上产生一个电压脉冲，使三极管 T_3 瞬时导通，消除加于晶闸管 VT 上的正向电压，使 VT 关断。随后，T_3 很快恢复截止，VT 还来不及导通，前照灯继电器 K 失电而使其触点 K 打开，将前照灯电路切断，实现自动延时关灯的功能。

二、前照灯的自动变光

汽车前照灯自动变光器是一种根据对方车辆灯光的亮度自动变远光为近光或变近光为远光的自动控制装置。它的优点是实现了自动控制，不需要驾驶人操纵，其次是它的体积小，性能稳定可靠，且灵敏度高，其电路如图 3-22 所示。

前照灯的初始状态是远光灯工作，此时在继电器 K 作用下将电源"＋"与至远光灯丝的接柱"1"连通。当迎面来车的灯光照射于光敏电阻 R_1 上，R_1 的阻值将减小，三极管 T_1 获得正向偏压而导通，T_2 也导通，使得 T_3 截止而 T_4 导通，并把低电平信号送至功率三极管 T_5 的基极，T_5 导通，使继电器 K 得电动作，断开远光灯丝接柱而接通近光灯丝接柱，这个时候，汽车前照灯由远光照明转换成近光照明。

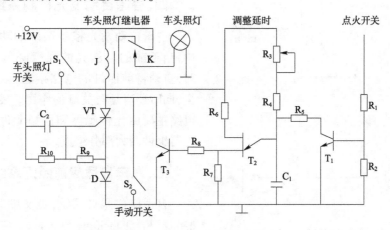

图 3-21 前照灯延时控制电路

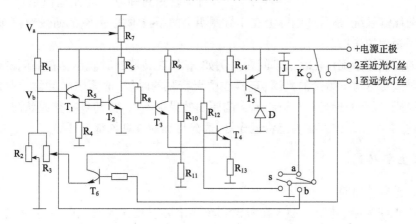

图 3-22 有光敏二极管的前照灯自动变光电路

当两车交会之后，该变光器光敏电阻 R_1 上的光信号消失，R_1 阻值增大，三极管 T_1 截止，T_2 也截止；多谐振荡器翻转一次；T_3 导通，T_4 截止，输出高电平至 T_5 的基极，T_5 截止，切断继电器 K 线圈中的电流，其触点恢复接通远光灯丝接柱，即恢复前照灯的远光照明。

如果打开前照灯远光时，用脚踏下机械式变光 S 时，S 就由"a"位置转到"b"位置，此时继电器 K 的线圈可由电源"+"→"b"→S 而获得电流，于是继电器 K 得电动作，使前照灯由远光变为近光。与此同时，三极管 T_4 的基极直接接地，使多谐振荡器停滞不再振动。

三、前照灯关灯警告装置

白天行车因过隧道或其他原因开灯后容易忘记关灯，关灯警告装置是用于提醒驾驶人在停车时及时关闭车灯开关。

当驾驶人关闭点火开关时，如果灯开关还是接通的，三极管的基极就有正向导通电压而使三极管导通，这样就接通了蜂鸣器电路，蜂鸣器发声，提醒驾驶人关掉灯开关。在行车时开灯，由于点火开关在接通状态，三极管基极电位高而保持截止，因此，蜂鸣器不会通电发声，如图 3-23 所示。

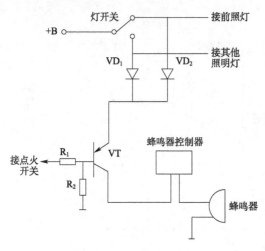

图 3-23 前照灯关灯警告装置电路

四、昏暗自动发光控制系统

昏暗自动发光控制系统的功用是在行驶中,当车前的自然光的强度降低到一定程度时,自动将前照灯的电路接通,以确保行车安全,同时还有延时关灯的作用。发光控制系统电路主要由光传感器和控制元件及晶体管放大器组件两大部分组成。

五、汽车自适应前照灯系统

自适应前照灯系统,英文缩写是 AFS(Adaptive Front Lighting System)。它是一种能够自动改变两种以上的光型以适应车辆行驶条件变化的前照灯系统,是目前国际上在车灯照明上的新技术之一,它的研发对汽车夜晚行车安全起到了很大的作用。

传统的前照灯系统存在着诸多问题。例如,车辆在转弯的时候也存在照明的暗区,严重影响了驾驶人对弯道上障碍的判断;车辆在雨天行驶的时候,地面积水反射前照灯的光线,产生反射眩光,现有的近光灯在近距离上的照明效果很不好,特别是在交通状况比较复杂的市区,经常会有很多驾驶人在晚上将近光灯、远光灯和前雾灯统统打开等。

(一) 主要功能

1. 城市道路的照明

城市中道路复杂、狭窄。AFS 在考虑到车辆市区行驶速度受到限制的情况下,可以产生比较宽阔的光型,而传统前照灯近光,光型比较狭长,所以不能满足城市道路照明的要求。

2. 阴雨天气的照明

阴雨天气,地面的积水会将行驶车辆打在地面上的光线,反射至对面会车驾驶人的眼睛中,使其炫目,进而可能造成交通事故。

AFS 有效的解决方法是:前照灯发出特殊光型,减弱地面可能对会车产生眩光的区域的光强。

3. 转弯道路的照明

传统前照灯的光线因为和车辆行驶方向保持着一致,所以不可避免地存在照明的暗区。一旦在弯道上存在障碍物,极易因为驾驶人对其准备不足,引发交通事故。

AFS 解决的方法是:车辆在进入弯道时,产生旋转的光型,给弯道以足够的照明。

4. 高速公路的照明

车辆在高速公路上行驶,因为具有极高的车速,所以需要前照灯比乡村道路照得更远,照得更宽。而传统的前照灯却存在着高速公路上照明不足的问题,AFS 采用了更为宽广的光型解决这一问题。

(二)结构原理

AFS 是一个由传感器组、传输通路、处理器和执行机构组成的系统。AFS 是一个多输入多输出复杂的系统,因此需要对多种车辆行驶状态做出综合判断。图 3-24 所示是德国 HELLA 公司 AFS 简图。

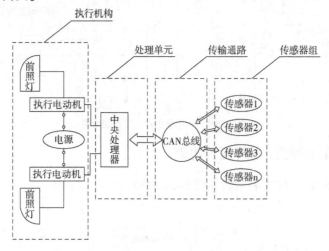

图 3-24　AFS 简图

AFS 必须要从不同的传感器取得不同的车辆行驶信息,才能实现各种功能。比如,为了实现阴雨天照明的功能,就要从湿度传感器获得是否阴雨的信息。为了实现弯道旋转照明的功能,除了要从车速传感器获取车速、转向盘角度传感器获取转向盘转角、车身高度传感器获得车身倾斜角度以外,还必须通过一些特殊的传感器,获取车辆实际转向角度的信息;因为在通常的情况下,AFS 所需获得部分信息也被其他的控制系统采用,即 AFS 实际上要和其他的系统共用一些传感器,所以,必须通过总线这一传输通路以后,才能实现这些传感器信息的共享。

AFS 最终成为一个自适应的模糊系统,因为 AFS 接收到的信息,除了车速,车身转角和车身倾斜角等少数信息是可以定量的以外,其他传感器发回的信息大多只能达到定性的程度。诸如,地面平不平,雨下得大不大等车身之外的环境信息,都是不能精确量化的。这就使得 AFS 的中央处理器能够进行模糊的判断。并且在阴雨天气,路面积水的情况下,车辆的转角和晴天相比有极大的差异。AFS 的中央处理器不仅要做模糊的判断,而且还要随着这种环境的改变不断地修整系统参数,所以要求很多信息之间必须是相互关联的。

AFS 的执行机构是由一系列的电动机和光学机构组成的。一般有投射式前照灯,对前照灯垂直角度进行调整的调高电动机,对前照灯水平角度进行调整的旋转电动机,对基本光型进行调整的可移动光栅,此外还有一些附加灯,如角灯等。

六、传统照明系统的控制电路

汽车照明系统的控制电路看上去很复杂,但对任何一个灯的控制电路来说都可以简化为图 3-25 所示的简单电路。

前照灯随车型不同,控制方式也不同,当灯泡的功率较小时,灯泡的电流直接受灯光总开关控制,当灯的数量多、功率大时,为减少开关的热负荷,减少线路压降,采用继电器控制。因车型不同,继电器控制线路也有控制电源线式和控制搭铁式之分,如图3-25所示。

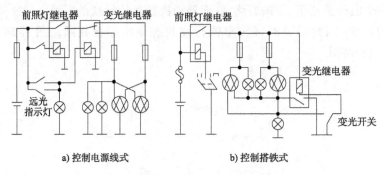

图3-25 带继电器的前照灯控制电路

七、宇通客车前照灯、小灯控制电路

宇通客车前照灯、小灯控制电路如图3-26所示。

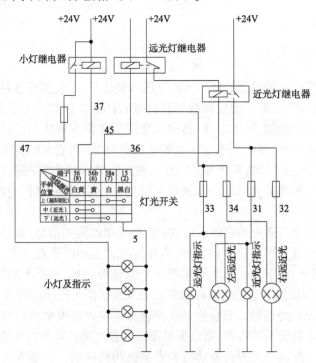

图3-26 宇通客车前照灯、小灯控制电路

1. 电器件位置

(1) 小灯继电器位于整车电器盒内。

(2) 远光继电器位于整车电器盒内。

(3) 近光继电器位于整车电器盒内。

(4) 灯光开关位于转向盘下的组合开关。

(5) 灯光总开关位于驾驶人前方的仪表板上。

2. 电路说明

如图 3-26 所示,当灯光总开关处于一挡时,全车小灯、侧标志灯、示高灯亮;二挡时,全部小灯不但继续亮,而且此时操作灯光开关时,远光或近光灯会点亮。远光继电器必须是既有动断触点、又有动合触点的继电器,远、近光电路不能同时接通。

当车灯光总开关打开处于一挡时:前示位灯、后位置灯、仪表照明灯、侧标志灯、示高灯点亮,部分高档车内部照明在夜晚开灯时也点亮 LED;车灯总开关二挡时:车灯总开关控制的一挡灯继续点亮外车辆前照灯点亮;而且此时操作变光灯光开关时,远光或近光灯会交替点亮。

远光继电器必须是具有动合触点、动断触点的五脚继电器,远、近光电路不能同时接通。如果同时点亮则可能烧毁灯光反光罩,故前照灯单个灯的灯泡功率一般不超过 75W。

第四章 仪表、信号、报警与电气喇叭系统

第一节 仪表的结构与工作原理

汽车仪表的作用是监测汽车的运行状况,使驾驶人随时观察与掌握汽车各系统工作状态的相关信息,故而在驾驶室转向盘的前方台板上装有仪表板。仪表板包括了发动机转速表、车速表、里程表、燃油表、冷却液温度表、机油压力表、气压表以及各种报警显示装置等。为了使驾驶人能方便地看到仪表板上的数据和信息,仪表板放置在转向盘的前面。由于仪表系统是驾驶人了解汽车工作状况的"眼睛",对确保汽车行车安全、及时排除故障和避免发动机出现严重故障起着重要的作用,因此要求各个仪表结构简单、工作可靠、显示数据清晰、准确、指示值受电源的电压波动和环境温度变化的影响小,除此之外,仪表的抗振、耐冲击性能也要好。

一、汽车仪表的类型

现代汽车所使用的仪表一般有传统仪表、电子仪表和数字仪表等类型。

传统仪表是基于机械作用力而工作的仪表,这种机械-电气式仪表在一些汽车上还有大量的使用,但总的趋势是使用逐渐减少,最终将被淘汰。

电子仪表是基于电测原理,通过各类传感器将被测的非电量变换成电信号(模拟量)加以测量的仪表,如电子式发动机转速表、电子式电压表、电子式车速里程表、电子式燃油表和温度表等,这些仪表多采用模拟电子电路对传感器信号进行处理,以模拟仪表(指针式)显示或数字(发光二极管)显示。

数字仪表是由 ECU 采集传感器的信号,将模拟量转换为数字量,经分析处理后控制显示装置的仪表,是以微处理器为核心的电子仪表系统。功能较为完整的电子仪表系统所能显示的信息包括车辆状况信息、汽车行驶工况信息、交通状况信息、安全警告信息及其他所需的信息等。与无线传输设备结合,还可与车外进行信息交流,使仪表系统具有通信和导航等功能。

二、汽车仪表的发展

目前每款车型的仪表板大多拥有自己的特点,经济型车往往给人五彩斑斓的视觉体验,而中级车型往往更运动而缤纷,高级车则显典雅尊贵。但无论是哪种风格的汽车仪表板都是汽车科技发展的成果。

最初一代汽车的仪表板,简单的罗盘和指针。甚至没有冷光灯的显示,夜里看仪表板极

第四章 仪表、信号、报警与电气喇叭系统

其不便。最初的仪表板只能提供给驾驶人简单的速度、耗油等信息,操作也很机械化,这样的仪表板现在已基本被淘汰。

早期常规仪表包含了车速里程表、转速表、机油压力表、冷却液温度表、燃油表、充电表等,之后汽车仪表还需要装置稳压器,专门用来稳定仪表电源的电压,抑制波动幅度,以保证汽车仪表的精确性,如图4-1所示。

图4-2所示为第一代机械机芯仪表,这种仪表普遍外观单一,只能为驾驶人提供汽车运行中必要而又少量的数据信息,功能也仅仅是单纯的提示。

图4-1 早期使用的汽车仪表

图4-3所示为第二代电气式仪表,它相较于第一代机械机芯仪表增加了不少功能,汽车信息反馈也更多更及时,但是其发展速度却明显与汽车行业不相匹配,对于更深层次的驾驶需求,电气式仪表仍无法满足。

图4-2 第一代机械机芯仪表　　　　　图4-3 第二代电气式仪表

图4-4所示为第三代全数字汽车仪表,较之前两代,全数字汽车仪表有了长足的进步与发展,它是一种网络化、智能化的仪表,其功能更加强大,显示内容更加丰富,线束链接更加简单,更全面、更人性化地满足了驾驶需求。

如图4-5所示,德赛西威所研发的虚拟汽车仪表拥有12.3in的超大屏虚拟仪表,采用了彩色TFT显示屏,具有高响应度、高亮度、高对比度等优点,能够实现3D、动画和渐变的效果,并根据驾驶情况动态显示内容,酷炫的场景渲染,造就先进的用户体验,而且仪表板的主题风格还能灵活定制,用以满足不同用户的个性体验。

图4-4 第三代全数字汽车仪表　　　　图4-5 德赛西威最新一代12.3in TFT 可配置虚拟仪表平台R1外观

虚拟汽车仪表,顾名思义就是具有虚拟面板的汽车仪表板,用屏幕取代了指针、数字等现有仪表板上最具代表性的部分,其优点是可以由用户自己定义仪器系统,以满足不同的要求,功能更加强大、灵活,更容易同网络、外部设备及其他应用相连接。虚拟汽车仪表是目前为止最先进的汽车仪表,也是未来的发展方向与趋势。

三、传统仪表的结构与工作原理

汽车上常用的传统仪表主要有冷却液温度表、燃油表、车速里程表、发动机转速表、电压表和气压表。汽车的燃油表、冷却液温度表和机油压力表,虽然测量的参数不同,但均由指示表和传感器两部分组成。指示表在结构上分为电热式和电磁式两种,传感器分为电热式和可变电阻式两种。

(一)冷却液温度表

1. 冷却液温度表的功用与分类

冷却液温度表用来指示发动机冷却液工作温度,其工作电路由冷却液温度表和冷却液温度传感器两部分组成。冷却液温度表安装在组合仪表内,冷却液温度传感器安装在发动机汽缸盖的冷却水套上,其外形如图4-6所示。

目前在多数汽车上,冷却液温度表与冷却液温度报警灯同时使用。冷却液温度表的结构形式有电热式和电磁式两种。

2. 电热式冷却液温度表的结构及原理

电热式冷却液温度表又称双金属片式冷却液温度表,电热式冷却液温度表可与电热式冷却液温度传感器或热敏电阻式冷却液温度传感器配套使用。

图4-6 冷却液温度传感器

电热式冷却液温度表的结构与工作电路如图4-7所示。电热式冷却液温度表与双金属片式机油压力表的构造相同,仅表盘刻度值不同。

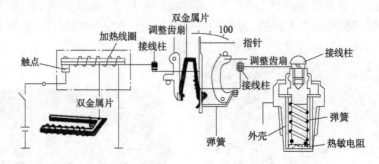

图4-7 电热式冷却液温度表结构

冷却液温度传感器的密封套筒内装有双金属片,上面绕有加热线圈,线圈的一端通过连接片与接线柱相连,另一端经固定触点搭铁。

当电路接通,冷却液温度不高时,双金属片主要依靠加热线圈产生变形,故双金属片需经较长时间的加热,才能使触点分开。触点打开后,由于四周温度低、散热快,双金属片迅速冷却又使触点闭合。所以冷却液温度低时,触点在闭合时间长而断开时间短的状态下工作,使流过冷却液温度表加热线圈中的电流平均值增大,双金属片变形大,带动指针向右偏转,指示低冷却液温度。

当冷却液温度高时,传感器外壳与双金属片周围温度高,触点的闭合时间短而断开时间长,流过冷却液温度表加热线圈的电流平均值小,双金属片变形小,指针向右偏转角小而指示高冷却液温度。

3. 电磁式冷却液温度表的结构与工作原理

图4-8所示为电磁式冷却液温度表的结构原理图。电磁式冷却液温度表内有互成一定角度的两个铁芯,铁芯上分别绕有电磁线圈,其中电磁线圈L_2与传感器串联,电磁线圈L_1与传感器并联,两个铁芯的下端有带指针的偏转衔铁。

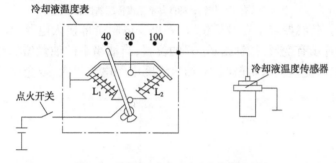

图4-8 电磁式冷却液温度表的结构原理图

电磁式冷却液温度表配用热敏电阻式冷却液温度传感器,而且不需要电源稳压器。其工作原理如下:当冷却液温度低时,由于热敏电阻传感器的阻值大,因此线圈L_2中的电流小,而线圈L_1中的电流大,磁场强,吸引衔铁使指针指向低冷却液温度;当冷却液温度高时,由于热敏电阻传感器的阻值减小,流经线圈L_2的电流增大,磁场增强,吸引衔铁逐渐向高温方向偏转,使指针指向高冷却液温度。

4. 有两个接线柱的冷却液温度传感器控制电路

以上介绍的热敏电阻式传感器,其接线柱只有一个,与冷却液温度表接线相接。而在有些车型中,热敏电阻式冷却液温度传感器有两个接线柱,同时控制冷却液温度表与冷却液温度报警灯电路。图4-9所示为有两个接线柱的冷却液温度传感器控制电路。

(二)燃油表

1. 燃油表的功用与分类

燃油表的作用是指示汽车油箱中的存油量,由装在油箱中的传感器和组合仪表中的燃油表两部分组成。

燃油表有电磁式和电热式两种。两种燃油表的传感器均可使用可变电阻式的传感器,下面重点介绍电热式燃油表的结构与工作原理。

2. 电热式燃油表的结构与工作原理

电热式燃油表又称双金属片燃油表,它的传感器与电磁式燃油表相同。其结构如图4-10所示。

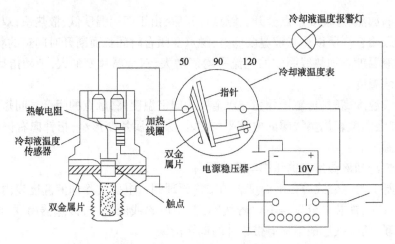

图 4-9　有两个接线柱的冷却液温度传感器控制电路

当油箱无油时,传感器浮子在最低位置,将可变电阻全部接入电路,加热线圈中的电流最小,所以双金属片没有变形,指针指示"0"的位置;当油箱中的油量增加时,传感器浮子上浮,带动滑片移动,可变电阻的阻值减小,加热线圈中的电流增大,双金属片受热变形,带动指针向右转动。

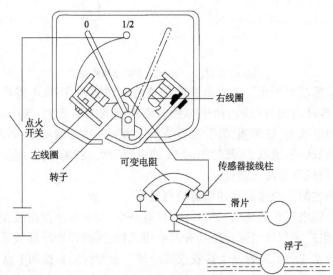

图 4-10　电热式燃油表的结构

由于流经加热线圈中的电流除与可变电阻的阻值有关外,还与电源电压有关,因此该电路中需配有稳压器。

(三) 车速里程表

车速里程表是用来指示汽车行驶速度和累计行驶里程数的仪表,由车速表和里程表两部分组成,分为磁感应式和电子式两种。

1. 磁感应式车速里程表

磁感应式仪表没有电路连接,磁感应式车速里程表由变速器(或分动器)内的蜗轮蜗杆经软轴驱动。其基本结构如图4-11所示。车速表是由与主动轴紧固在一起的永久磁铁、带有轴及指针的铝碗、磁屏和紧固在车速里程表外壳上的刻度盘等组成。里程表由蜗轮蜗杆机构和六位数字的十进位数字轮组成。

1) 车速表工作原理

不工作时,铝碗在盘形弹簧的作用下,使指针指在刻度盘的零位。当汽车行驶时,主动轴带着永久磁铁旋转,永久磁铁的磁力线穿过铝碗,在铝碗上感应出涡流,铝碗在电磁转矩作用下克服盘形弹簧的弹力,向永久磁铁转动的方向旋转,直至与盘形弹簧弹力相平衡。由于涡流的强弱与车速成正比,指针转过角度与车速成正比,指针便在刻度盘上指示出相应的车速。

2) 里程表工作原理

汽车行驶时,软轴带动主动轴,主动轴经三对蜗轮蜗杆(或一套蜗轮蜗杆和一套减速齿轮系)驱动里程表最右边的第一数字轮。第一数字轮上的数字为1/10km,每两个相邻的数字轮之间的传动比为1:10。即当第一数字轮转动一周,数字由7翻转到0时,便使相邻的左面第二数字轮转动1/10周,呈十进位递增。这样汽车行驶时,就可累计出其行驶里程数,最大读数为77777.7km。

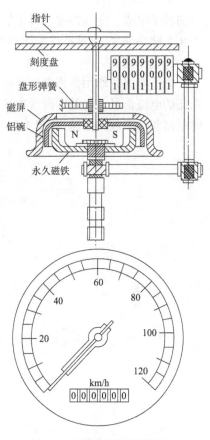

图4-11 磁感应式车速里程表

2. 电子式车速里程表

电子式车速里程表主要由车速传感器、电子电路、车速表和里程表四部分组成,图4-12所示为电子式车速里程表车速传感器。

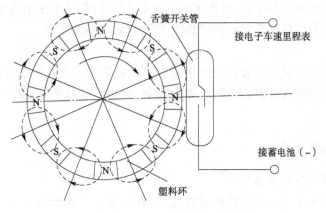

图4-12 电子式车速里程表车速传感器

1) 车速传感器

车速传感器的作用是产生正比于车速的电信号。它由一个舌簧开关和一个含有4对磁极的转子组成。变速器驱动转子旋转,转子每转一周,舌簧开关中的触点闭合、打开 8 次,产生 8 个脉冲信号,该脉冲信号频率与车速成正比。

2)电子电路

电子电路的作用是将车速传感器送来的电信号整形、触发,输出一个电流大小与车速成正比的电流信号。其基本组成主要包括稳压电路、单稳态触发电路、恒流源驱动电路、64 分频电路和功率放大电路,如图 4-13 所示。

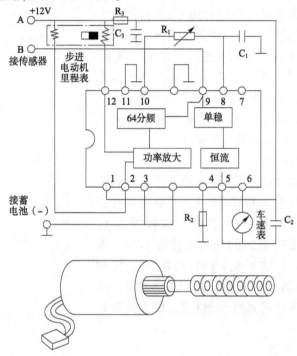

图 4-13 电子式车速里程表电子电路

3)车速表

车速表是一个电磁式电流表,当汽车以不同车速行驶时,从电子电路接线端输出的与车速成正比的电流信号便驱动车速表指针偏转,即可指示相应的车速。

4)里程表

里程表由一个步进电动机和六位数字的十进位数字轮组成。车速传感器输出的信号,经 64 分频后,再经功率放大器放大到足够的功率,驱动步进电动机,带动数字轮转动,从而记录行驶的里程。

(四)发动机转速表

1. 发动机转速表的功用与分类

发动机转速表用于指示发动机的运转速度,有机械式和电子式两种。电子式转速表由于结构简单、指示精确、安装方便,因此被广泛应用。

2. 电子式发动机转速表工作原理

电子式发动机转速表获取转速信号的方式有三种:从点火系统获取脉冲电压信号、从发动机的转速传感器获得转速信号、从发电机获取转速信号。图4-14所示为汽油发动机电子式转速表从点火系统获取脉冲电压信号的电路原理图,转速信号来自于点火系统的初级电路。

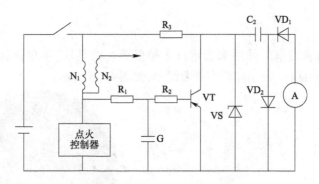

图4-14 发动机电子转速表电路原理图

当点火控制器使初级电路导通时,晶体管VT处于截止状态,电容C_2被充电。其充电电路为:蓄电池正极→R_3→C_2→VD_2→蓄电池负极。

当点火控制器使初级电路截止时,晶体管VT的基极得正电位而导通,此时C_2便通过导通的VT、电流表A和VD_1构成放电回路,从而驱动电流表。

当发动机工作时,初级电路不断地导通、截止,其导通、截止的次数与发动机转速成正比。所以当初级电路不断地导通、截止时,对电容C_2不断地进行充、放电,其放电电流平均值与发动机转速成正比,于是将电流平均值标定成发动机转速。

(五)电压表

1. 电压表的功用与分类

电压表用来指示发电机及调节器的工作情况,同时可以指示蓄电池的技术状况。电压表分为电热式和电磁式两种类型。下面主要介绍电磁式电压表的结构与工作原理。

2. 电磁式电压表的结构与工作原理

电磁式电压表由两只十字交叉布置的电磁线圈、永久磁铁、转子、指针及刻盘组成,两线圈与稳压管D及限流电阻R串联,如图4-15所示。

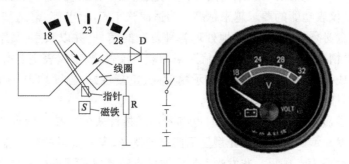

图4-15 电磁式电压表的结构

当电源电压低于稳压管的击穿电压时,永久磁铁将转子磁化,保持指针在初始位置。电源电压达到稳压管的击穿电压后,两电磁线圈通过电流产生合成磁场,该合成磁场与永久磁铁磁场相互作用,使转子带动指针偏转。电源电压越高,通过电磁线圈的电流越大,其磁场就越强,指针偏转的角度也越大。

(六) 弹簧管式压力表

弹簧管式压力表的作用是用来指示汽车储气筒内的气压,主要由指针、度盘、衬圈、接头、弹簧、传动机构、连杆、表壳和调零装置组成,如图 4-16 所示。

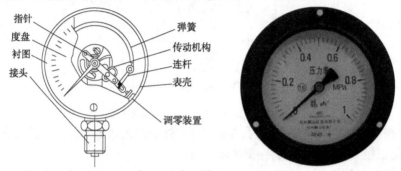

图 4-16 压力表的结构

弹簧管在压力和真空作用下,产生弹性变形引起管端位移,其位移通过机械传动机构进行放大,传递给指示装置,再由指针在刻有法定计量单位的分度盘上指出被测压力或真空量值。机械压力表中的弹性敏感元件随着压力的变化而产生弹性变形。机械压力表采用弹簧管(波登管)、膜片、膜盒及波纹管等敏感元件并按此分类。所测量的压力一般视为相对压力。一般相对点选为大气压力。弹性元件在介质压力作用下产生的弹性变形,通过压力表的齿轮传动机构放大,压力表就会显示出相对于大气压的相对值(或高或低)。在测量范围内的压力值由指针显示,刻度盘的指示范围一般制成 270°。

四、数字仪表的结构、原理

传统仪表结构简单,但精度不高、可靠性差、体积大、质量大,而且显示的信息量少、目视性不好、易使驾驶人眼睛疲劳、难以满足人们对汽车舒适性和方便性的要求。随着汽车工业的发展,人们对汽车性能的要求越来越高,汽车行驶过程中各系统工作状态的信息需求量显著增加,即对汽车仪表功能的要求越来越高。为适应汽车安全、节能、舒适和低污染的要求,汽车电子控制装置必须能准确、迅速地处理各种复杂的信息,并以数字、文字或图形显示出来,而且信息还要精确、可靠。现在高档汽车采用数字仪表,数字仪表主要有显示器、传感器和连接器三个组成部分,数字仪表具有指示精度高、重复性好、分度均匀、响应速度快,无抖动、稳定性和可靠性好和通用性强的优点。

最常用的电子显示器件有数字式的,也有图形或指针式的。按显示器自身能否发光可分为发光型和非发光型两大类。发光型显示器自身发光,容易获得鲜艳的流行色显示,非发光型显示器靠反射环境光显示。非发光型显示器件有液晶显示器件(LCD)和电致变色显示器件(ECD)等。发光型显示器件主要有真空荧光管(VFD)、发光二极管(LED)、阴极射线管(CRT)、等离子显示器件(PDP)和电致发光显示器件(ELD)等。

第四章 仪表、信号、报警与电气喇叭系统

作为汽车电子仪表显示器件,一般情况下采用真空荧光管(VFD)和液晶显示器件(LCD)为好,它们的性能和显示效果都比较好。当然,作为信息终端显示来说,用阴极射线管(CRT)更好,但其体积太大。所以作为汽车电子仪表用显示器件,用得最多的还是真空荧光管(VFD)和液晶显示器件(LCD)。目前在汽车上使用的显示装置主要有发光二极管显示装置(LED)、荧光屏显示器(VFD)及液晶显示器(LCD)等。

1. 发光二极管(LED)

发光二极管是一种把电能转换成光能的固态发光器件,实际上也是一种晶体管,它是应用最广泛的低压显示器件,如图 4-17 所示。

2. 液晶显示器(LCD)

液晶显示器是一种被动显示装置,具有显示面积大、耗能少、显示清晰、在阳光直射下不受影响等特点,应用十分广泛。

液晶是一种有机化合物,由长形杆状分子构成。在一定的温度范围内,它具有普通液体的流动性,也具有晶体的某些特征。液晶的光学性质是随着分子排列方向的变化而变化,当在液晶上加一个电场时,液晶杆状分子的长轴方向发生变化,因此液晶的光学性质也发生变化。

液晶显示器需要外来光源,因为其自身不能发光,只能起到吸收、反射或透光的作用。外来光源可以是日光,也可以是人为光源,人为光源可以由灯光开关控制,也可以由点火开关的 RUN 挡或 ACC 挡控制。

液晶显示器是一种新型的非发光型平板显示器,如图 4-18 所示。

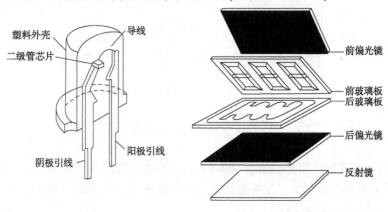

图 4-17 发光二极管　　图 4-18 液晶显示器的结构

3. 真空荧光显示器(VFD)

汽车用的数字式车速表的真空荧光显示器:真空荧光显示器被密封在被抽真空的玻璃罩内,由灯丝、栅格、阳极和玻璃罩构成。其中灯丝为阴极,与电源负极相接;阳极为涂有磷光物质的屏幕,与电源正极相接,采用的是 20 字符段图形(也有采用 7 或 14 字符段图形),每个字符段由电子开关单独控制通电状态;在灯丝与阳极之间有栅格。

真空荧光显示器的工作原理:当阴极有电流通过时,灯丝便产生热量,释放电子。由于栅格的电位比阴极的电位高,电子被栅格吸引;而阳极的电压更高,这样一些电子穿过栅格,均匀地打在阳极的字符段上。凡是由电子开关通电的字符段,受电子轰击后发亮;否则,发暗。这样通过控制字符段的通电状态,便可在真空荧光显示器上形成不同的数字,如图 4-19 所示。

4. 阴极射线管显示器

阴极射线管(CRT)显示器又称显像管或电子束管,在1786年首次应用在别克汽车上。其结构原理与电视显像管、微机显示系统相同。它有一个发射电子的阴极和一个吸收电子的阳极,电子轰击到屏幕上哪个点,哪个点便发亮,偏转板控制电子束的方向。阴极射线管显示器屏幕是触摸式的,通过触摸屏幕上的按钮(菜单)便能变更显示的内容。

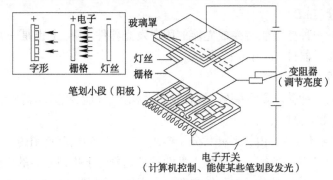

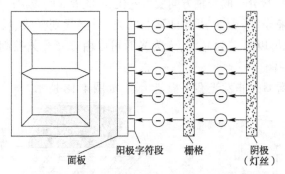

图4-19 真空荧光显示器的工作原理

第二节 信号系统的结构与工作原理

汽车上信号装置的作用是通过声响和灯光向其他车辆的驾驶人和行人发出警告,以引起注意,确保车辆的行驶安全。主要包括声音信号装置以及灯光信号装置。

一、灯光信号装置介绍

灯光信号装置包括转向信号、制动信号、雾灯和倒车信号灯等。

(一)转向信号灯

汽车转弯时,发出明暗交替的闪光信号,以表明汽车向左或向右转向行驶,一般为橙色。在灯轴线右偏5°至左偏5°的视角范围内,无论白天黑夜,能见距离不小于35m,在右偏30°至左偏30°的视角范围内,能见距离不小于10m;转向灯的闪光频率应在50～110次/min范围内,一般取60～95次/min。

前转向信号灯和示宽灯通常制成双丝灯泡,其中功率较大的一根灯丝作转向信号用,功率较小的一根灯丝作示宽用。

第四章 仪表、信号、报警与电气喇叭系统

(二)制动信号灯

制动信号由制动灯的亮起表示。制动灯要求采用红色,两个制动灯的安装位置应与汽车纵轴线对称,并在同一高度;其光束角度在水平面内应为灯轴线左右各45°,在铅垂面内应为灯轴线上下各15°范围。

控制电路分析:制动灯控制由制动灯开关控制,制动灯开关是一个气控电路元件,当压力在50~80kPa时,制动灯开关的触点闭合。因此气路、电路的故障均会引起制动灯开关不能正常工作。若缓速器工作时,制动灯也会亮,否则请检查缓速器控制盒的制动灯信号输出是否有电。

(三)雾灯信号

汽车雾灯,安装于汽车的前部和后部,用于在雨雾天气行车时照明道路与安全警示。雾灯分前雾灯和后雾灯,前雾灯一般为明亮的黄色,后雾灯则为红色。后雾灯的标志和前雾灯有一点区别,前雾灯标志的灯光线条是向下的,后雾灯的是平行的,一般位于车内的仪表控制台上。由于雾灯亮度高、穿透性强,不会因雾气而产生漫反射,所以正确使用能够有效预防事故的发生。在有雾的天气,前后雾灯通常是一起使用的。

车用后雾灯是指在雾、雨或尘埃弥漫等能见度较低的环境中,为使车辆后方其他道路交通参与者易于发现而安装在车辆尾部,发光强度比尾灯更大的红色信号灯,用来提醒尾随车辆保持安全间距,后雾灯功率为21W或6W。

车用前雾灯是指在有雾、下雪、暴雨或尘埃弥漫等情况下,用来改善道路的照明情况。每车一只或两只,安装位置比前照灯稍低,一般离地面50cm左右,射出的光线倾斜度大,前雾灯的功率为45W。

(四)倒车信号灯

在驾驶人选择倒车时为后方车辆提供倒车信号,同时也为本车提供照明作用。

转向信号灯、制动信号灯、雾灯、倒车信号灯在汽车上的具体安装位置如图4-20~图4-22所示。

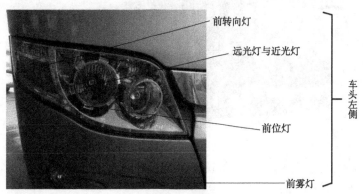

图4-20 客车前照灯

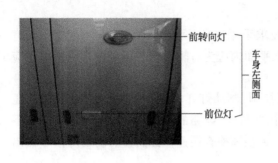

图 4-21　客车侧面车灯

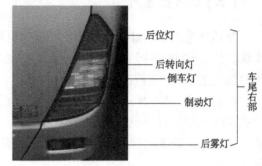

图 4-22　客车尾灯

（五）示廓信号灯

示廓信号由装在汽车前后、左右的示廓灯亮起表示。示廓灯透光面边缘距车身不得大于 400mm，示廓灯灯光在前方 100m 以外应能看得清楚，在汽车的其他各个方向，能看清示廓灯灯光距离不应小于 30m，如图 4-23 所示。

图 4-23　示廓信号灯

第四章 仪表、信号、报警与电气喇叭系统

（六）其他辅助用灯

警示灯，一般装于车顶部，用来标示车辆特殊类型。消防车、警车用红色，救护车为蓝色，旋转速度为2~6次/s；公交车和出租车为白色、黄色；出租车空车标示灯装在仪表台上，光色为红色、白色；有些工程抢险灯为黄色。

二、转向灯及闪光器

转向及危险警告灯信号电路一般由转向灯、转向灯开关、危险警告灯开关、闪光器等组成。转向信号灯的闪烁是由闪光器控制的。

闪光器按结构和工作原理可分为电热丝式、电容式、翼片式、电子式、汞式等多种。电热丝式闪光器结构简单，但寿命短，闪光频率不够稳定，亮暗不够明显，目前很少使用。电容式闪光器闪光频率稳定；翼片式闪光器结构简单、体积小、闪光频率稳定、监控作用明显、工作时伴有响声；电子式闪光器具有性能稳定、可靠等优点，故已广泛使用。国产闪光器的主要技术数据见表4-1。

国产闪光器主要技术数据　　　　　　　　　　表4-1

型号	类型	额定电压(V)	用途	闪光频率(次/min)	额定负载 转向信号灯 前	额定负载 转向信号灯 中	额定负载 转向信号灯 后	额定负载 仪表板指示灯	适用车型
SD56	电热丝式	12	转向	50~110	21		21	1	12V车辆
SD56B	电热丝式	24	转向	50~110	15	15	15	1	24V车辆
SD57	电热丝式	12	转向	50~110	32		21	1	
SG124	翼片式	12	转向	60~120	20		20	2	
SG224	翼片式	24	转向	60~120	15	15	15	2	
SG112	电容式	12	转向	50~110	21		21	1	CA1091
SG212	电容式	24	转向	50~110	15	15	15	1.5	
SG212L	电容式	24	转向报警	50~110	20		20	2	
JSG142	晶体管加继电器	12	转向报警	60~120	21 2×21		21 2×21	2 2	桑塔纳
JSG241	晶体管加继电器	24	转向报警	60~120	21 2×21		21 2×21	3 3	罗曼、红岩
JSG154	集成块加继电器	12	转向	60~120	21		21	0-4	奥迪
JSG152B	集成块加继电器	12	转向	60~120	21		21	2	EQ1090

注：此表所用部分型号系行业标准颁布前沿用。

(一)翼片式闪光器

翼片式闪光器是利用电流的热效应,以热条的热胀冷缩为动力,使翼片产生突变动作,接通和断开触点,使转向信号灯闪烁。根据热胀条受热情况的不同,可分为直热式和旁热式两种。

1. 直热式闪光器

直热式的结构如图 4-24 所示,主要由翼片、热胀条、活动触点、固定触点及支架等组成。翼片为弹性钢片,平时靠热胀条绷紧成弓形。热胀条由膨胀系数较大的合金钢带制成,在其中间焊有活动触点,在活动触点的对面安装有固定触点,整个弹跳组件被焊在支架上,支架的另一端伸出底板外部作为另一接线柱 B。固定触点焊在支架上,支架伸出底板外部作为另一接线柱 L。热胀条在冷态时,使上下触点闭合。

汽车转向时,接通转向灯开关,蓄电池即向转向信号灯供电,转向信号灯立即发亮。这时热胀条因通过电流而发热伸长,翼片突然绷直,活动触点和固定触点分开,切断电流,于是转向信号灯熄灭。当通过转向信号灯的电流被切断后,热胀条开始冷却收缩,又使翼片突然弯成弓形,活动触点和固定触点再次接触,接通电路,转向信号灯再次发光,如此反复变化使转向信号灯闪烁。

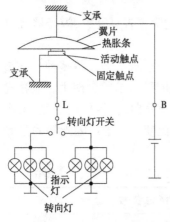

图 4-24 直热翼片式闪光器

2. 旁热式闪光器

旁热翼片式闪光器结构如图 4-25 所示,其主要功能零件是不锈钢制成的翼片,翼片上固定有热胀条,热胀条上绕有电阻丝,电阻丝的一端与热胀条相连,另一端与静触点相连,翼片靠热胀条绷成弓形。动触点固定在翼片上,整个弹跳组件焊在支架上,由支架伸出底板外部作接线柱用,静触点与接线柱相连。闪光器不工作时,上下触点处于分开状态。

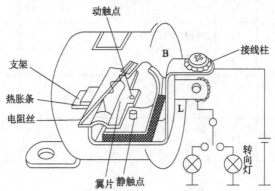

图 4-25 旁热翼片式闪光器

当汽车向左转弯时,接通转向灯开关,电流流经电阻丝、静触点、接线柱、转向灯开关、左转向信号灯和指示灯。这时信号灯虽然有电流通过,但由于电阻丝的电阻较大,电路中电流较小,此时转向灯不亮。同时,电阻丝加热热胀条,使热胀条受热伸长,于是翼片依靠自身弹性使上下触点闭合。电流流经翼片、动触点、静触点、接线柱 L、转向灯开关、左转向信号灯和指示灯。此时由于电流不再通过电阻丝,电流增大,转向信号灯和指示灯发亮。同时,也因上下触点闭合,电阻丝被短路,使热胀条逐渐冷却收缩,拉紧翼片,上下触点再次分开。如此反复变化,使转向信号灯闪烁。

3. 电热式闪光器引脚

电热式闪光器有两个引脚,分别是 B 和 L,B 引脚与电源相连,L 引脚与灯相连,有别于电子式的三引脚结构,自身没有搭铁引脚,经过转向灯来实现搭铁,如图 4-26 所示。

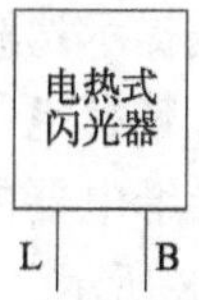

图 4-26 电热式闪光器引脚

(二)电容闪光器

电容式闪光器主要由一个继电器和一个电容器组成,如图 4-27 所示。在继电器的铁芯上绕有串联线圈和并联线圈,电容器采用大容量的电解电容器。电容式闪光器是利用电容器充、放电延时特性,使继电器的两个线圈产生的电磁吸力时而相加,时而相减,继电器便产生周期的开关动作,从而使转向信号灯闪烁。

电容式闪光器主要由一个继电器和一个电容器组成。在继电器的铁芯上绕有串联线圈和并联线圈,电容器采用大容量的电解电容器。电容式闪光器是利用电容器充、放电延时特性,使继电器的两个线圈产生的电磁吸力时而相加,时而相减,继电器便产生周期的开关动作,从而使转向信号灯闪烁。

当汽车向左转弯时,接通转向灯开关,左转向信号灯就被串入电路中。此时并联线圈、电容器及电阻被触点短路,而电流通过线圈产生的电磁吸力大于弹簧片的作用力,触点迅速被打开,转向信号灯处于暗的状态(转向信号灯和指示灯尚未来得及亮)。触点打开后,蓄

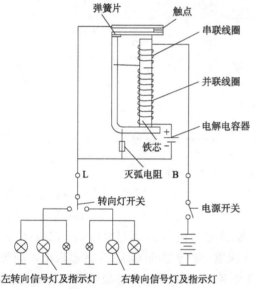

图 4-27 电容式闪光器

电池经串联线圈、并联线圈向电容器充电,由于线圈电阻较大,充电电流很小,不足以使转向信号灯亮。则转向信号灯仍处于暗的状态。同时充电电流通过串联线圈和并联线圈产生的电磁吸力方向相同,使触点继续打开,随着电容器的充电,电容器两端电压逐渐升高,其充电电流减小,串联线圈和并联线圈的电磁吸力减小使触点又重新闭合。触点闭合后,转向信号灯和指示灯处于亮的状态。与此同时,电容通过线圈和触点放电,其放电电流通过线圈时产生的磁场方向与线圈相反,所产生的电磁吸力减小,故触点仍保持闭合,左转向信号灯和指示灯继续发亮。随着电容器的放电,电容器两端电压逐渐下降,其放电电流减小,则线圈的退磁作用减弱,串联线圈的电磁吸力增强,触点又重新打开,灯变暗。如此反复,继电器的触点不断开闭,使转向信号灯和指示灯发出闪光。灭弧电阻与触点并联,用来减小触点火花。

使用时应注意必须按规定的灯泡功率选用灯泡,同时接线必须正确:B 接蓄电池,L 接转

向灯开关。

（三）电子闪光器

电子闪光器的结构和线路繁多，有由晶体管和小型继电器组成的有触点电子式闪光器、有由集成电路和小型继电器组成的有触点集成电路闪光器以及全晶体管式无触点闪光器等；由于前两种电子闪光器使用的电子元件少，成本较低，特别是继电器触点能发出有节奏的声响提示驾驶人电子闪光器的工作情况，故目前应用较多。

1. 带继电器的有触点电子闪光器

带继电器的有触点电子闪光器主要由一个三极管的开关电路和一个继电器组成，如图4-28所示。

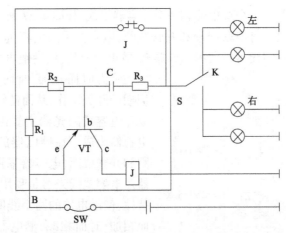

图4-28 带继电器的有触点晶体管式闪光器

当汽车向右转弯时，接通电源开关SW和转向灯开关K，电流流经电阻R_1、继电器J的动断触点J、接线柱"S"、转向灯开关K、右转向信号灯，右转向信号灯亮。当电流通过R_1时，在R_1上产生电压降，三极管VT因正向偏压而导通，集电极电流I_C通过继电器J的线圈，使继电器动断触点立即断开，右转向信号灯熄灭。三极管VT导通的同时，VT的基极电流向电容器C充电，随着电容器电荷的积累，充电电流逐渐减小，三极管VT的集电极电流I_C也随之减小，当此电流不足以维持衔铁的吸合而释放时，继电器J的动断触点J又重新闭合，转向信号灯再次发亮。这时电容C通过电阻R_2、继电器的动断触点J、电阻R_3放电。放电电流在R_2上产生的电压降又为VT提供正向偏压使其导通。这样，电容器C不断地充电和放电，三极管VT也就不断地导通与截止，控制继电器的触点反复地闭合、断开，使转向信号灯发出闪光。

2. 全晶体管式（无触点）闪光器

全晶体管式（无触点）闪光器利用电容器放电延时的特性，通过三极管VT_1的导通和截止来达到闪光的目的，如图4-29所示。接通转向开关后，三极管VT_1的基极电流由两路提供，一路经电阻R_2，另一路经R_1和C，使VT_1导通，在其导通时，VT_2和VT_3组成的复合管处于截止状态。由于VT_1的导通电流很小，仅60mA左右，故转向信号灯暗。与此同时，电源对电容器充电，随着电容器C两端电压升高，充电电流减小，VT_1的基极电流减小，使VT_1由导通变成截止。这时 A 点电位升高,当其电位达到 1.4V 时,VT_2 和 VT_3 导通,于是转向信号灯亮。此时电容器 C 经过 R_1 和 R_2 放电,放电时间为灯亮时间。C 放完电,接着又充电,VT_1 再次导通使 VT_2 和 VT_3 截止,转向信号灯又熄灭,C 的充电时间为灯灭的时间。如此反复,使转向信号灯发出闪光。改变 R_1 和 R_2 的电阻值和 C 的大小以及 VT_1 的 β 值,即可改变闪光频率。

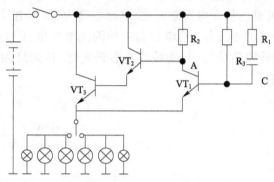

图 4-29 全晶体管式(无触点)闪光器

3. 集成电路闪光器

集成电路闪光器可用通用集成电路制成,也有专用闪光器集成电路,下面以 U2043B 为例进行简介。U2043B 是汽车闪光器专用集成电路,当遇到汽车前后任何一个转向灯损坏时,闪光频率加快一倍,向驾驶人报警。

U2043B 用于驱动转向指示灯的闪光继电器。图 4-30 所示为带外围器件的典型应用电路图。图中,R_1、C_1 决定振荡器频率,并联电阻 R_s 用于检测故障灯和短路现象,限流电阻 R_2 和 R_3 用于在卸载瞬间保护集成电路。电路有短路检测、故障灯指示和过电压保护功能。在实际应用中短路检测功能可以通过开关 K_2 选择使用。L_1、L_2、L_3 和 L_4 是转向灯。当开关 K_1 接通后,经过延迟时间 t_1 后继电器开始工作。转向灯(L_1、L_2 或 L_3、L_4)将按振荡器频率闪烁。K_1 断开,闪烁周期停止,电路回到初始状态。

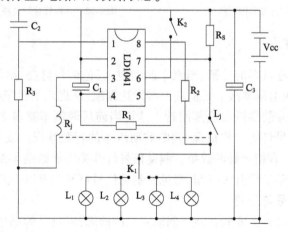

图 4-30 12V 典型应用电路图

4. 电子闪光器的引脚

电子式闪光器不同于电热式闪光器,有 B、L、E 三个引脚,如图 4-31 所示,B 引脚与电源相连,L 端子与灯相连,E 端子搭铁。与电热式的两个端子不同,电子式多了一个搭铁引脚,这是因为电子式闪光器内部由多个三极管组成,所以自身要提供给三极管搭铁端,这是由其内部结构所决定的。

5. 转向灯控制电路

如图 4-32 所示,闪光器在整车电器盒内,紧急灯开关在驾驶人前仪表板上,转向开关在转向盘下的组合开关里。打开电源总开关,电源电路为:整车电器盒电源→紧急灯翘板开关闭合触点(翘板开关的 6、8 位)给电器盒中的闪光器供电;闪光器的输出 L→转向开关,当操作组合开关的转向挡位时,分别接通左右转向灯,转向灯闪亮。此种操作电源受整车电源总开关的控制。

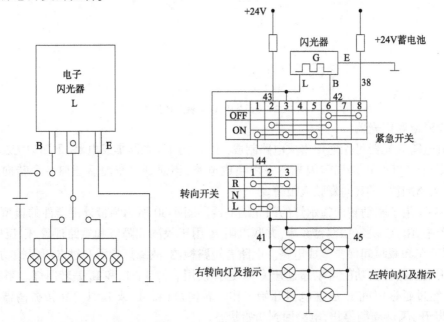

图 4-31 电子式闪光器的引脚　　图 4-32 转向灯控制电路

三、制动信号灯

制动信号灯安装在汽车的尾部,当汽车制动时,红色信号灯亮,给尾随其后的车辆发出制动信号,以避免造成追尾事故。目前在一些发达国家,还规定了轿车必须安装高位制动信号灯,它装在后窗中心线、靠近窗底部附近。这样当前后两辆车靠得太近时,后面汽车驾驶人就能从高位制动信号灯的工作情况,判断前面汽车的行驶状况。安装高位制动信号灯对于防止发生追尾事故,有相当好的效果。制动信号灯开关实物如图 4-33 所示。

制动信号灯由制动信号开关控制,常见的制动信号灯开关有以下几种。

1. 液压式制动信号灯开关

液压式制动信号灯开关安装在液压制动主缸的前端,或制动管路中。踩下制动踏板时,制动系统压力增大,膜片向上弯曲,动触片接通接线柱,制动灯通电发亮;松开制动踏板时,系统压力降低,动触片在复位弹簧的作用下复位,制动灯电路被切断而熄灭,如图 4-34 所示。

第四章 仪表、信号、报警与电气喇叭系统

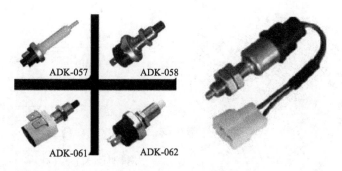

图 4-33 制动信号灯开关

2. 气压式制动信号灯开关

气压式制动信号灯开关通常被安装在制动系统的气压管路上。制动时,制动压缩空气推动橡胶膜片向上弯曲,使触点闭合,接通制动信号灯电路,如图 4-35 所示。

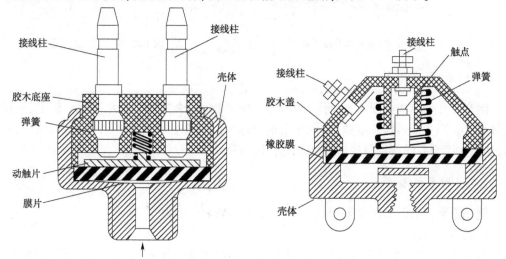

图 4-34 液压式制动信号灯开关　　　　图 4-35 气压式制动信号灯开关

3. 弹簧式制动信号灯开关

弹簧式制动信号灯开关安装在制动踏板的后面。当踏下制动踏板时,开关闭合,制动信号灯亮,如图 4-36 所示。

4. 制动灯控制电路

如图 4-37 所示,制动灯继电器在整车电器盒内,制动灯开关在制动踏板下制动阀上。制动灯开关是一个气控电路元件,当压力在 50~80kPa 时,制动灯开关的触点闭合。因此气路、电路的故障均会引起制动灯开关不能正常工作。

四、倒车信号装置

倒车信号装置包括倒挡开关、倒车灯和倒车报警器(或倒车语音报警器),在汽车倒车时,警示车后的行人和其他车辆注意避让,它们均由装在变速器上的倒挡开关控制。当变速杆挂入倒挡时,在拨叉轴的作用下,倒挡开关接通倒车报警器和倒车灯电路,从而发出声光倒车信号。

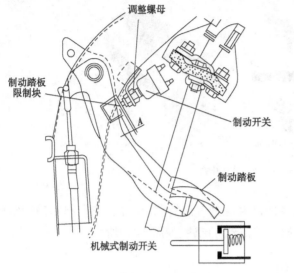

图 4-36 弹簧式制动信号灯开关

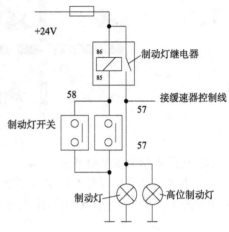

图 4-37 制动灯控制电路

（一）倒车灯开关

倒车灯开关结构如图 4-38 所示，由壳体、保护罩、钢球、推杆、膜片、弹簧、触点、导线接柱等组成。当变速器挂入倒挡时，钢球落槽，推杆在弹簧的弹力作用下，使接触盘将触点接通，从而使两个导线接柱导通，接通倒车信号电路。

（二）倒车报警器

倒车报警器有倒车蜂鸣器和倒车语言报警器两种。

1. 倒车蜂鸣器

当汽车倒车时，为了警告车后的行人和车辆驾驶人而设置的报警装置即倒车报警器；报警器和倒车灯都由倒车灯开关控制，报警器设置了蜂鸣器。倒车报警器的电路图如图 4-39 所示。

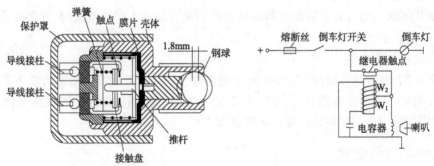

图 4-38 倒车灯开关　　　　图 4-39 倒车报警器电路图

当变速器处于倒挡位置时，由于倒车灯开关闭合，使得倒车灯点亮，同时接通报警器电路，蜂鸣器发出警报。此时，蓄电池通过线圈 W_2 对电容进行充电；由于此时流入线圈 W_1 和 W_2 的电流大小相等、所产生的磁场方向相反，从而使线圈吸引力减弱，因此继电器触点继续闭合。随着电容器的充电，其两端电压逐渐升高，使得 W_2 中的电流减小，这时线圈 W_1 产生的磁通大于线圈 W_2 的磁通，于是，触点打开，报警器电路切断，蜂鸣器停止警报。

在继电器触点打开时，电容器又通过线圈 W_2 和 W_1 放电，使得线圈产生电磁力，触点持续打开。当电容器两端电压为"0"时，线圈磁力消失，继电器触点又重新闭合，报警器再次报警，电容器又开始充电。如此反复，继电器触点不断地开、闭，倒车警报器就发出断续的警报，以示倒车。倒车灯并不受继电器的控制，只要变速器处于倒挡位置，倒车灯即点亮。

2. 倒车语音报警器

随着集成电路技术的发展，现在已经能将语音信号压缩存储于集成电路中，制成倒车语音报警器。在汽车倒车时，能重复发出"请注意，倒车！"等声音，以此提醒车后行人避开车辆而确保安全倒车。倒车语音报警器的典型电路如图4-40所示。IC1是储存有语音信号的集成电路，集成块IC2是功率放大集成电路，稳压管VD用于稳定语音集成块IC1的工作电压。为防止电源电压接反，在电源的输入端使用了由4个二极管组成的桥式整流电路，可保证电子电路可正常工作。

当变速器挂入倒挡时，倒车开关接通了倒车挡报警电路，电源便由桥式整流电路输入语音倒车报警器，语音集成电路IC1的输出端便输出一定幅度的语音电压信号。此语音电压信号经 C_2、C_3、R_3、R_4、R_5 组成的阻容电路消除杂音，改善音质，并耦合到集成电路IC2的输入端，经IC2功率放大后，通过喇叭输出，即可发出清晰的"请注意，倒车！"等声音。

(三) 倒车信号控制电路

如图4-41所示，倒车灯开关在整车变速器上，倒车蜂鸣器在车辆发动机舱后部。

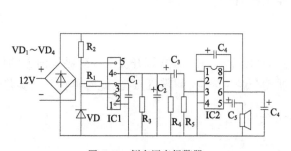

图 4-40 倒车语音报警器

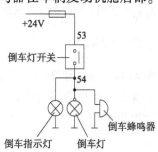

图 4-41 倒车信号控制电路

(四) 倒车雷达

倒车雷达，又称泊车辅助系统，或倒车电脑警示系统，能以声音或者更为直观地显示告知驾驶人周围障碍物的情况，解除了驾驶人泊车和起动车辆时前后左右探视所引起的困扰，并帮助驾驶人扫除了视野死角和视线模糊的缺陷，提高驾驶的安全性，如图4-42所示。

通常的倒车雷达主要由三部分组成：感应器（探头）、主机、显示设备。基本原理如图4-43所示，感应器是发出和接收超声波信号的机构，然后将得到的信号传输到主机里面的电脑进行分析，再通过显示设备显示出来。

图 4-42 倒车雷达

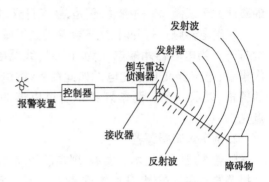

图 4-43 倒车雷达基本原理图

探头装在后保险杠上,根据不同价格和品牌,探头有二、三、四、六只不等,有的高档进口车甚至要装八只,分别管前后左右。探头以 45°角辐射,上下左右搜寻目标。能探索到那些低于保险杠而驾驶人从后窗难以看见的障碍物,并报警。如花坛、蹲在车后玩耍的小孩等。倒车雷达显示器装在驾驶台上,它不停地提醒驾驶人车距后面物体还有多少距离,到危险距离时,蜂鸣器就开始鸣叫,让驾驶人停车。

按探头分,倒车雷达有粘贴式、钻孔式和悬挂式三种。粘贴式探头后有层胶,可直接粘贴在后保险杠上。钻孔式探头,是在保险杠上钻一个孔,然后把探头嵌进去。悬挂式探头主要用于货车。从显示器分,有数字显示、颜色显示和蜂鸣三种。数字式显示器安装在驾驶台上,距离直接用数字表示,精确到 0.01m,让驾驶人一目了然。它会提醒驾驶人:1.5~0.8m 为安全区,0.8~0.3m 为适当区,0.3~0.1m 为危险区。在安全区,你可正常倒泊,在适当区,你要减速倒泊,在危险区,你则要停止倒泊。

五、雾灯控制电路

如图 4-44 所示,雾灯继电器在整车电器盒内;前、后雾灯开关——驾驶人前方的仪表板上。当前雾灯开关闭合后,雾灯继电器动合触点闭合,前雾灯点亮,此时再打开后雾灯开关,后雾灯才可以点亮。

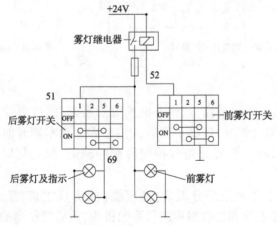

图 4-44 雾灯线路

第三节 报警系统的结构与工作原理

现代汽车为了指示汽车各个主要系统的工作状况、引起车外行人及车辆驾驶人的注意、保证行车安全、防止事故发生所设置的灯光或声音信号装置称为报警装置。如在制动系统气压过低、真空助力制动系统真空度不足、机油压力过低、冷却液温度过高、制动液液面高度不足、发电机不充电、油箱燃油存储量过少以及电子控制系统如安全气囊、ABS、发动机控制系统等发生故障时，汽车的报警装置将及时点亮安装在组合仪表上相应的指示灯发出报警信号，提醒驾驶人注意或停车检修。报警灯通常安装在仪表上，灯泡功率一般为1～4W，现代汽车多数采用发光二极管作为报警灯光源，其优点是结构简单、使用寿命长、耗电少、易于识别等。在灯泡前设有滤光片，使报警灯发出红光或黄光，滤光片上通常有标准图形符号，以显示其功能，其含义如图4-45所示。

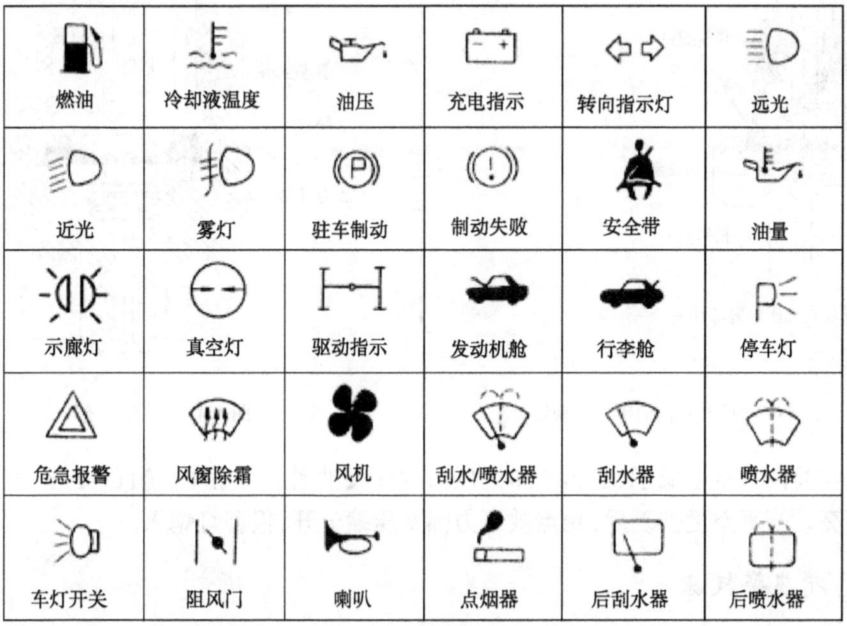

图4-45 常用报警灯图形符号

一般报警灯和报警灯开关串联后接入电路，报警灯开关监视相应值，并按照设定条件动作，使得报警电路接通，报警灯点亮，其基本电路如图4-46所示。

一、压力报警灯

（一）机油压力报警灯

机油压力的正常与否，直接影响汽车的使用性能与工作的可靠性，因此许多车辆设置了油压报警灯。图4-47所示为膜片式油压报警灯开关。机油压力报警灯电路是由安装在发动机主油道的弹簧管

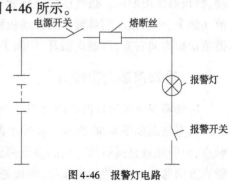

图4-46 报警灯电路

式油压报警灯开关或膜片式油压报警灯开关和安装在仪表板上的红色报警灯组成。下面以膜片式机油压力报警灯为例加以介绍。

当机油压力正常时,机油压力推动膜片向上弯曲,推杆将触点打开,机油压力报警灯熄灭;当机油压力低于标准值时,膜片在弹簧压力作用下向下移动,从而使触点闭合,机油压力报警灯亮,警告驾驶人机油压力不足。

(二)低真空报警装置

在装有真空增压的汽车上,在真空筒上装有低真空度开关,以监视真空筒内的真空度,确保紧急制动时的可靠性,其结构如图4-48所示。

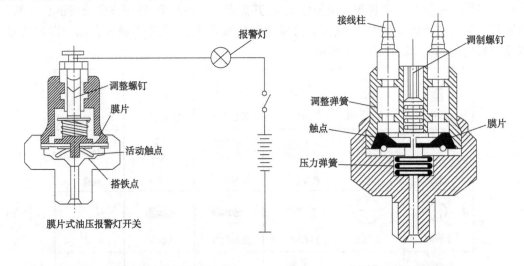

图4-47 膜片式机油压力报警灯电路　　　图4-48 低真空度开关

当真空筒内真空度低于53.2kPa时,压力弹簧使膜片向上拱曲,触点接通,驾驶室的红色报警灯亮。当真空度恢复后,触点被压力弹簧压缩分开,报警灯熄灭。

(三)气压警报器

如图4-49所示,当制动系气压低于规定值时,在弹簧的作用下活动板左移,使其左面的触点与触点接触,气压警报器电路接通,电磁线圈通电后产生的电磁力将薄钢片吸动向下振动,警报器发出响声。当气压大于规定值时,气压推动膜片,向右弯曲,此时,锥形推动板便推动触头、移动板压缩弹簧。当移动板移动到一定程度后,摆臂便向右摆动,推动绝缘触头,把活动板推向右方,两触点断开,切断了警报器的电路。

二、冷却液温度报警灯

冷却液温度报警灯的作用是当冷却液温度升高至一定限度时,报警灯自动点亮,以示报警。其电路图如图4-50所示。在传感器的密封套管内装有条形双金属片,其自由端焊有动触点,而静触点直接搭铁。当温度升高至95~98℃时,由于双金属片膨胀系数的不同,向静触点方向弯曲,一旦两触点接触,便接通报警灯电路,红色报警灯点亮。

第四章 仪表、信号、报警与电气喇叭系统

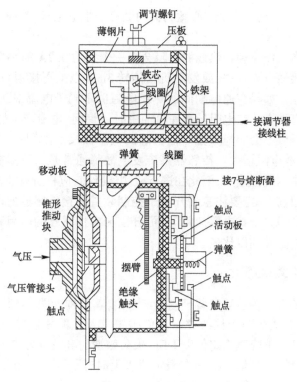

图 4-49 气压警报器

三、液位不足报警灯

(一) 燃油油量不足报警灯

当燃油箱内的燃油减少到某一规定值以下时,燃油油量报警装置会点亮燃油油量报警灯,以引起驾驶人的注意,其工作原理如图 4-51 所示。

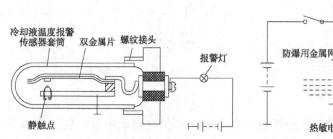

图 4-50 冷却液温度报警灯电路　　　图 4-51 热敏电阻式燃油报警开关控制电路

由热敏电阻式燃油油量报警传感器和报警灯组成。当燃油减少到某一规定值以下时,热敏电阻元件露出油面,散热慢,温度升高,电阻值减小,电路中电流增大,则报警灯发亮,以示报警。当燃油箱内燃油量多时,负温度系数的热敏电阻元件浸没在燃油中散热快,其温度较低,电阻值大,所以电路中电流很小,报警灯处于熄灭状态。

(二) 机油液位过低报警灯

检测机油液位的一种方法用"热线"油尺。油尺上有两根导线连接到电子控制装置,如

— 87 —

图4-52所示。这种装置是在一个空心塑料筒内装有一根电阻丝(热线),筒上有与普通油尺一样的液位标记。

这一系统的基本工作原理是热线的电阻会在一个大约0.2A的小电流通过热线约1.5s后增大。只有在初接通点火开关,或发动机已停转3min以上再接通点火开关时,才会有这样的电流供给电阻丝。如果在通电期间的热线电阻值不同于电流中断时的给定阻值,电子控制装置就使报警灯发亮。在电阻丝浸在机油中时,"询问"电流产生的热量扩散到油液中,因此热线传感器的温度不会明显升温。但当油面低于油尺上的"低"(Low)标记3mm以上时,传感器温度和热线电阻增大。传感器系统发生故障通常是由于多插柱连接器的某个插柱不清洁而使电路中的电阻增大,因此在进行检测诊断前,应将所有插柱擦净。

在测量热线电阻前,一定要注意断开电子控制装置连接传感器的电路。油尺干燥时的标准阻值为$7.5 \sim 8.5\Omega$。查找电路故障时,可分别测出传感器的电阻和连接电子控制装置的连接器各插柱的电阻并加以比较。

(三)制动液不足报警灯

制动液液面报警灯的传感器安装于制动液管内,其结构如图4-53所示。在传感器的外壳内装有舌簧开关,开关的两个接线柱与液面报警灯及电源相连接,浮子上固装有永久磁铁。当浮子随制动液面下降至规定值以下时,永久磁铁的电磁吸力使得舌簧开关闭合,接通报警灯电路,发出报警;当制动液液面在限定值以上时,浮子上升,由于吸力减弱,舌簧开关在自身弹力作用下,断开报警灯电路。

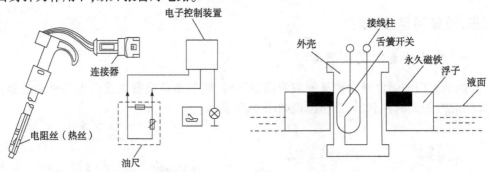

图4-52 机油液位传感器　　　　图4-53 制动液液面传感器

四、驻车制动器未松报警灯

驻车制动器未松报警灯用于提醒驾驶人驻车制动器仍在制动位置。在一些汽车上,驻车制动器未松报警灯也是制动液液面过低报警灯,此报警灯同时由制动液液面开关和驻车制动开关控制。

报警灯通过并联的开关与点火开关串联。当驻车制动器处于制动位置时,驻车制动开关处于闭合位置,若接通点火开关,则报警灯亮,以提醒驾驶人在挂挡起步之前,松开驻车制动器。当松开驻车制动器后,报警灯即熄灭。

五、制动摩擦片(块)磨损报警灯

为了保证汽车行驶安全,在制动摩擦片(块)内装上传感器,当摩擦片(块)使用到极限

第四章 仪表、信号、报警与电气喇叭系统

厚度时发出信号,就可不必定期检测摩擦片(块),鉴定其磨损程度。

在每个摩擦片(块)的表面,埋进一个绝缘的金属触点,当摩擦片(块)磨损到使用极限时,触点就和制动鼓或制动盘接触。因触点接触,仪表板上的指示灯使显示图像发亮。但该系统可靠性差,这是因为系统可能出现开路,以致即使摩擦片(块)使用到极限,报警系统也不工作。

改用如图4-54所示的闭环系统。将一段导线埋设在摩擦块内部,该导线与电子控制装置相连,当摩擦块磨损到使用极限厚度时(小于2mm),导线便被磨断,使电路中断。当接通点火开关后,电子控制装置便向摩擦块内埋设的导线通电5s进行检查,若摩擦块已经磨损到极限厚度,并且埋设的导线被磨断,电子控制装置使报警灯发出报警,表示制动摩擦块需要更换。如外电路也正常,而报警灯仍发亮,则说明电子控制装置失灵,一般应予更换。

注意:当用欧姆表检查外电路时,应先将电子控制装置连线拆掉,否则该装置将损坏。

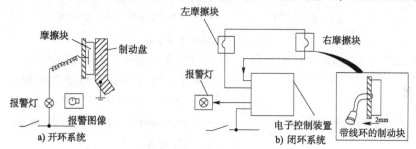

图4-54 制动摩擦块磨损传感器

六、车灯断线报警装置

断线检测要在点火开关处在ON挡时才可检测。它可监视前照灯、尾灯、牌照灯以及停车灯的断路,若有断线,将点亮报警灯。

这种断线检测电路可插入到前照灯、尾灯、牌照灯以及制动灯的各电路上。为了避免当脚离开制动踏板时,点亮的报警灯熄灭,出现漏报警,要在制动灯上附加保持比较器输出的电路。

具体工作过程如下:

微小电流检测电阻R与监视灯相串联,当电灯通电时,电阻R两端产生电压下降。以两个灯组成的尾灯为例,电阻电压与A点电压关系如图4-55b)所示。当一个灯断线时,其电流会比全部灯点亮时要小,因此,A点电压高,而全部断线时,A点电压与蓄电池电压相等。图4-55b)中虚线表示的值为被电压检测电阻R_1和R_2分压的B点的电压。定其为基准电压。将A点与B点的电压通过比较器比较,当A点电压大于B点时,输出正电位,当A点电压小于B点时,输出负电压。因此,当一个灯断线或全部灯断线时,晶体管成为ON,点亮报警灯。

七、空气滤清器报警灯

空气滤清器报警装置的作用是当空气滤清器滤芯发生堵塞时,报警灯亮。该装置由负压传感器和报警灯组成,如图4-56所示。

负压传感器的内部有一膜片将负压传感器分成上、下两气室,分别由连通管与空气滤清器滤芯的内外侧相通。当两气室气压不相等时,其压力差使膜片移动,带动与之相连的磁铁一起移动。如果上、下气室的压力差达到某一设定值,膜片的移动将磁铁带动至舌簧开关

处,磁铁就会将舌簧开关吸合(接通电路)。

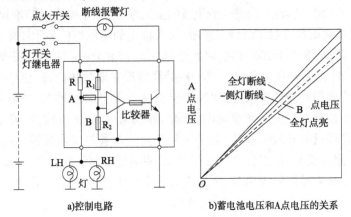

a)控制电路　　　　　　b)蓄电池电压和A点电压的关系

图4-55　车灯断线报警装置

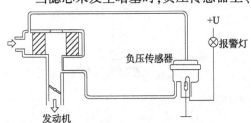

图4-56　空气滤清器报警装置示意图

当滤芯未发生堵塞时,负压传感器上、下气室间压力差小,膜片及磁铁的移动量小,舌簧开关处于断开状态。当滤芯堵塞后,负压传感器上、下气室间的压力差增大,膜片及磁铁移动量增大,磁铁使舌簧开关闭合,接通了报警灯电路,使其发光报警。

八、安全带报警

当接通点火开关而没有扣紧座椅安全带时,座椅安全带报警系统蜂鸣器发出报警声响并点亮报警灯约8s。座椅安全带扣环开关是一端搭铁的常闭式开关,如图4-57所示。当座椅安全带被扣紧时,开关才张开,蓄电池电压随点火钥匙置于点火位置时加至定时器,如果此时安全带未扣好,电路便通过常闭开关搭铁,接通蜂鸣器及报警灯电路。如果在安全带扣好的状态下接通点火开关,来自蓄电池的电流便通过加热器使得双金属带发热,达到一定程度后,使触点张开从而切断电路。

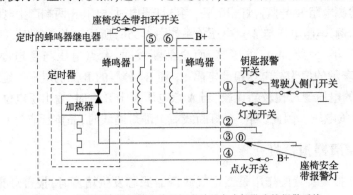

图4-57　座椅安全带报警及前照灯未关及点火钥匙未拔报警系统

九、前照灯未关及点火钥匙未拔报警系统

如果驾驶人在离开车辆打开车门时没有关闭前照灯,蜂鸣器或发音器便发出鸣叫提示。

驾驶人侧门控制开关为常闭式、一端搭铁的开关,只有车门关闭时,该开关才断开。如果前照灯开关在前照灯或停车挡,蓄电池电压经蜂鸣器和灯光开关加至驾驶人侧门控制开关。如果此时驾驶人打开车门,蜂鸣器电路即被接通,于是发出鸣叫提示,直到前照灯关闭或驾驶人侧门关闭才停止,如图4-57所示。

十、语音报警系统

除上面介绍的蜂鸣报警器以外,还有谐音器及声音合成器等,用来提醒驾驶人有关汽车的一些状态。声音报警主要包括:请检查车门(车门半开时);请系好安全带(忘记系安全带时);请检查驻车制动器(忘记停车制动,离开时);请检查车灯(当车灯一直未关时);请检查车钥匙(当钥匙还插在门锁上时);请加燃油(燃油不够时)。

这些信息都可以通过音响装置发送出来。所需的声音模型经过数字化后,存储在计算机的 ROM 中,计算机接收来自点火开关、充电指示灯继电器、车灯继电器、驻车制动器开关、门窗开关,以及燃料液面指示信号发生器等传感器的信息,经过逻辑判断,从 ROM 中取出所需的声音模型,再经过 D/A 数模转换器,还原成模拟信号,加以滤波与放大,最后送至扬声器输出。

第四节 仪表台控制面板介绍

客车仪表台集成了车辆的一些操作件和运行工况中的主要信息,对客车行驶安全、驾驶舒适性和整车品质都起着至关重要的作用。从功能用途上,客车仪表台可分为主仪表台和副仪表台,主仪表台承载了仪表台绝大部分功能需求,是仪表台的核心;副仪表台是对主仪表台功能的补充,一般布置在驾驶人座椅的侧面,用来装饰管路线束以及布置一些电器元件的控制面板和翘板开关,如图4-58所示。

图4-58 客车仪表台

一、主仪表台的功能

图4-59所示为客车主仪表台的控制面板,下面分别介绍其功能。

(1)发动机转速表:该转速表指示发动机转速,内含小液晶屏用于显示时钟,该时钟的调节通过仪表信号装置下边的调节按钮实现,从左向右,第1个按钮调节小时,第2个按钮调节分钟。

(2)车速里程表:指示汽车瞬时行驶速度,最大为140km/h,字轮用于记录汽车累计行驶里程,其最大累计数为999999km,当超过该数字时,字轮会翻转成000000并重新开始记录里程数,同时,里程表内还设有日计数器,通过仪表信号装置下边的调节按钮(从左向右第3个按钮)可随时复零,以满足各种情况下计程需要。

(3)电压表:该表指示整车工作电压。

(4)机油表:传感器安装在发动机油道上,指示机油压力值。

(5)冷却液温度表:指示发动机冷却液温度。刻度盘上的字母标记"C"和"H"分别表示"低温"和"高温"。如冷却液温度表指针位于白线内,冷却液温度即为正常。

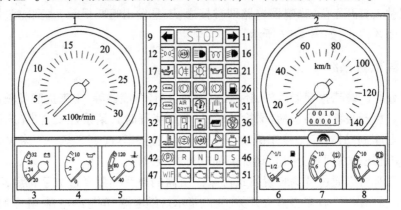

图 4-59 客车主仪表台

(6)燃油表:指示燃油箱内储存量,分三挡刻度:0(E),1/2(—),1(F),各表示储油量为油箱容量的几分之几。

(7)前气压表:该表指示前储气筒内的气压值。

(8)后气压表:该表指示后储气筒内的气压值。

(9)左转向指示灯:当转向操作手柄处于左转位置时,该指示灯亮。

(10)停车报警:在行车时该灯亮表示车有故障,应立即将车停放在就近安全的地方,将故障排除。

(11)右转向指示灯:当转向操作手柄处于右转位置时,该指示灯亮。

(12)小灯指示:指示小灯是否处于工作状态,当灯亮时,表明小灯处于工作状态。

(13)ASR 指示:当选装 ASR 时,若该灯亮,表明 ASR 有故障。

(14)远光指示灯:当汽车前照灯处于远光工作状态时,此指示灯亮。

(15)预热指示(未使用)。

(16)近光指示灯:当汽车前照灯处于近光工作状态时,此指示灯亮。

(17)油温报警(未使用)。

(18)后雾灯指示:指示后雾灯是否处于工作状态,当灯亮时,表明后雾灯处于工作状态。

(19)灯光故障报警(未使用)。

(20)油压报警:指示发动机机油压力过低,当机油压力低于 0.069~0.1MPa 时,指示灯亮,并报警。

(21)充电指示:指示发电机的工作状况,当蓄电池处于放电状态时,指示灯亮,当发电机供电,蓄电池处于充电状态时,指示灯熄灭。

(22)ECAS 警告(黄色):选装电控空气悬架系统(ECAS)时,该灯亮,表明 ECAS 处于非正常工作环境或状态,但一般短时间内即可恢复正常。

(23)前气压报警:当前气压制动系的气压低于正常制动气压时,此灯亮,表明制动系处于非正常状态。

(24)制动器(未使用)。

第四章 仪表、信号、报警与电气喇叭系统

(25)后气压报警:当后气压制动系的气压低于正常制动气压时,此灯亮,表明制动系处于非正常状态。

(26)燃油报警(未使用)。

(27)ECAS故障(红色):选装电控空气悬架系统(ECAS)时,该灯亮,表明ECAS有故障。

(28)干燥器指示:当钥匙开关旋转到"ON"位置,环境温度约低于4℃时,空气干燥器的加热器会自动工作,指示灯亮,当周围温度在15~20℃时,空气干燥器加热器自动停止工作,指示灯熄灭。

(29)发动机舱温报警:当发动机的左右侧舱体温度超过90℃,或发动机上方温度超过225℃时,此灯亮,表明发动机舱温处于非正常状态。

(30)排气制动指示(未使用)。

(31)卫生间水位报警(未使用)。

(32)前门指示:打开前乘客门或前乘客门处于开启状态时,该指示灯亮。

(33)中门指示:打开中间乘客门,该指示灯亮。

(34)行李舱门指示(未使用)。

(35)后仓门报警:当后仓门未关时,该指示灯亮,同时驾驶人无法起动发动机。

(36)空滤报警:显示空气滤清器的工作状况,当指示灯亮时,表明滤清器堵塞等故障状态。

(37)冷却液温度报警:当冷却液温度超过最高限度时,此灯亮,表示发动机冷却液温度不正常。

(38)缓速器指示:选装缓速器时,缓速器工作,该灯亮。

(39)ABS指示:在行车过程中,如果ABS有故障,该灯亮。

(40)集中润滑指示:选装集中润滑系统时,该灯亮,表明集中润滑处于工作状态。

(41)水位报警:当冷却液低于规定极限时,此灯会亮,同时会发出蜂鸣声,使驾驶人觉察这种危险情况,当开关旋到OFF位置,发动机停机,蜂鸣声就停止。

(42)驻车制动指示灯:也即手制动指示灯,灯亮表示驻车制动器处于制动状态,当松开驻车制动器时指示灯熄灭。

(43)倒挡指示:当操作倒挡时,此指示灯亮。

(44)空挡指示:当操纵挡在空挡时,此指示灯亮。

(45)前进挡指示:当操纵挡不在空挡、倒挡时,此指示灯亮。

(46)发电机亏电报警(未使用)。

(47)电喷发动机油水分离器报警(未使用)。

(48)电喷发动机停车指示(红色,未使用)。

(49)电喷发动机报警指示(黄色,未使用)。

(50)电喷发动机维护指示(白色,未使用)。

(51)电喷发动机等待指示(绿色,未使用)。

上面对组合仪表上所用的信号指示一一作了介绍,由于车型具体配置不同,本图有个别的信号指示没有用到。驾驶人在行驶过程中应注意查看各仪表的指示情况,及时发现并解决故障,以防事故的发生。

二、副仪表台的功能

图 4-60 所示为副仪表台上的翘板开关,下面分别介绍其功能。

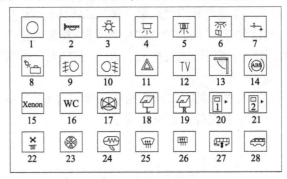

图 4-60 翘板开关

(1) 电源总开关:此开关用来控制整车电路的通断,按下该开关,接通整车电路,断开开关,除紧急灯、电子钟、计时器和外摆门仍能工作外,其他电路断开。

(2) 喇叭转换开关:此开关用于控制电喇叭和气喇叭的转换。

(3) 灯光总开关:此开关用来控制位置灯、远光、近光灯,按下第 1 挡,位置灯亮,按下第 2 挡,位置灯仍亮,此时通过控制远、近光操纵手柄,可以接通远光灯或近光灯。

(4) 驾驶人灯开关:此开关用来控制驾驶人灯,按下开关,驾驶人灯点亮。

(5) 厢灯开关:此开关用来控制车厢内顶灯,按下开关,厢灯点亮。

(6) 阅读灯开关:此开关用来控制冷风出口上的阅读灯,向上按接通此开关后,所有阅读灯亮,便于对阅读灯进行检验,向下按接通此开关后,乘客方可按下头顶上部的灯开关,便于夜间用来阅读。

(7) 水泵开关:利用发动机余热除霜时,按下该开关,水泵工作,为除霜器提供热源。

(8) 舱灯开关:此开关用来控制行李舱灯,按下开关,行李舱灯点亮。

(9) 前雾灯开关:在大雾天气,按下雾灯开关,前雾灯工作。

(10) 后雾灯开关:在大雾天气,在前雾灯打开的情况下,按下此开关,后雾灯工作。

(11) 紧急灯开关:此开关接通后,车前、后、左、右的转向灯同时闪烁。

(12) 电视开关(未使用)。

(13) 后显示器翻转开关(未使用)。

(14) ABS 诊断开关(未使用)。

(15) 氙气灯开关(未使用)。

(16) WC 卫生间开关(未使用)。

(17) 解除缓速器脚控开关:按下此开关,解除缓速器脚控电路。

(18) 左行李舱门开关(未使用)。

(19) 右行李舱门开关(未使用)。

(20) 前门开关:此开关为双向自复位开关,按翘板开关下部为开前门,按上部为关前门,该开关只需按一下即可,无须长时间持续按。

(21) 为方便驾驶人开门,该车装有车门遥控器,当需打开车门时,只需将遥控发射器对准车身前围右侧,按下开门按钮即可,按下关门按钮即可关门,该遥控发射器有效范围小于100m。

(22)中门开关(未使用)。

(23)散热器风机开关(未使用)。

(24)顶风窗开关:此开关用来控制顶风窗的开启。

(25)后视镜预热开关:选装电动后视镜时,需要对后视镜镜面除雾、除霜时,按下该开关,后视镜加热器工作。

(26)除霜器开关:按下此开关,除霜器电动机工作。

(27)风窗玻璃电加热开关(未使用)。

(28)气囊升降开关(未使用)。

(29)气囊复位开关(未使用)。

以上介绍了各种翘板开关,由于车型具体配置不同,本图有部分翘板开关没有安装。如果车出现故障,驾驶人应及时按下仪表台上的紧急灯开关,以示向车外报警,并停车检查,该开关在电源总开关关闭时仍能工作。

三、点火锁

图4-61为点火锁(点火开关)示意图,此点火锁具有锁住(LOCK)、附件(ACC)、点火(ON)、起动(START)等四个控制功能。将钥匙顺时针转至"ACC"位置接通专用电路,转至"ON"位置接通点火、仪表、充电系等,继续旋转至"START"为接通起动电路。应当注意:当发动机一旦起动,手应立即松开钥匙把手,在复位弹簧的作用下将钥匙回至"ON"位置。

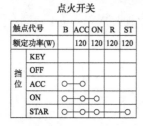 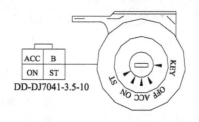

图4-61 点火锁

四、组合开关

组合开关是装在客车转向柱上的多功能组合开关,由转向信号开关、变光开关、刮水器开关、洗涤器开关、喇叭按钮等组成,其外形及操纵方式如图4-62所示。

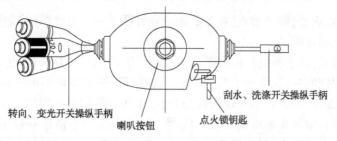

图4-62 组合开关

将转向、变光开关操纵手柄沿水平方向向前推,则右边前、侧、后转向灯亮,仪表板上同时有右转向指示显示;将该操纵手柄向后拉,则左边前、侧、后转向灯亮,仪表板上同时有左转向指示灯显示;当灯光总开关闭合时,将该操作手柄向下推为远光挡位,操纵手柄位于中间位置为近光挡位;在白天行驶时,有时将该操纵手柄向上推则为远光,以作为会车提示使用。

将刮水、洗涤开关操纵手柄逆时针旋转至Ⅰ位置时,刮水器低速工作;继续旋转至Ⅱ位置时,刮水器高速工作;将操纵手柄旋转至 J 位置时,刮水器间歇工作;按下洗涤器按钮,洗涤器内的洗涤液即通过风窗下方小喷口向风窗玻璃喷水,同时刮水器低速工作。

第五节 电气喇叭的结构与工作原理

汽车上常见声响信号装置有气喇叭、电喇叭和倒车蜂鸣器等。目前汽车上所装用的喇叭多为电喇叭,主要用于警告行人和其他车辆,以引起注意,保证行车安全。

一、电喇叭结构与原理

汽车上都装有喇叭,用来警告行人和其他车辆,以引起注意,保证行车安全。按发音动力的不同分为气喇叭和电喇叭;按声频高低可分为高音和低音;按外形不同分为有螺旋形、筒形、盆形,如图 4-63 所示。

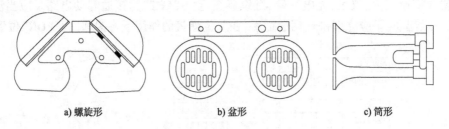

a) 螺旋形　　　　　　b) 盆形　　　　　　c) 筒形

图 4-63 喇叭外形

1. 盆形电喇叭

盆形电喇叭的电磁铁采用螺管式结构,铁芯上绕有线圈,上、下铁芯之间的气隙在线圈中间,所以能产生较大的吸力。它无扬声筒,而是将上铁芯、膜片和共鸣板固装在中心轴上。当电路接通时,线圈产生吸力,上铁芯被吸下与下铁芯碰撞,产生较低的基本频率,并激励与膜片一体的共鸣板产生共鸣,从而发出比基本频率强得多,且分布又比较集中的谐音,如图 4-64 所示。

为了减小触点火花,保护触点,在触点间同样并联了一个电容器(或消弧电阻)。

2. 筒形、螺旋形电喇叭

如图 4-65 所示,其主要机件由山形铁芯、线圈、衔铁、膜片、共鸣板、扬声筒、触点以及电容器等组成。膜片和共鸣板与中心杆、衔铁、调整螺母、锁紧螺母连成一体。通过线圈的通断使得膜片不断振动,从而发出一定音调的音波,由扬声筒加强后传出。

当按下按钮时,电流由蓄电池正极→线圈→触点→按钮→搭铁→蓄电池负极。当电流流过线圈时,产生电磁吸力,吸下衔铁,中心杆上的调整螺母压下活动触点臂,使触点分开而切断电路。此时线圈电流中断,电磁吸力消失,在弹簧片和膜片的弹力作用下,衔铁又返回原位,触点闭合,电路又重新接通。此后,上述过程反复进行,膜片不断振动,从而发出一定音调的声波,经扬声筒加强后传出,共鸣板与膜片刚性连接,在振动时发出谐音,使声音更加悦耳。

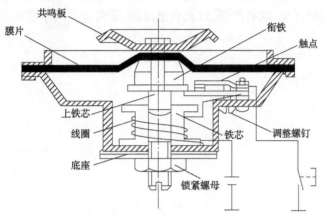

图 4-64　盆形电喇叭

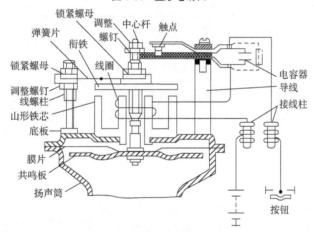

图 4-65　筒形、螺旋形电喇叭

为了减小触点火花,保护触点,在触点间并联了一个电容器(或消弧电阻)。

3. 喇叭继电器

为了得到更加悦耳的声音,在汽车上常装有两个不同音调(高、低音)的喇叭。其中高音喇叭膜片厚,扬声筒短,低音喇叭则相反。有时甚至用三个(高、中、低)不同音调的喇叭。装用单只喇叭时,喇叭电流是直接由按钮控制的,按钮大多装在转向盘的中心。当汽车装用双喇叭时,因为消耗电流较大(喇叭继电器 15～20A),用按钮直接控制时,按钮容易烧坏。为了避免这个缺点,采用喇叭继电器,如图 4-66 所示。

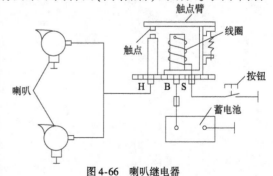

图 4-66　喇叭继电器

4. 环保喇叭

随着科技的不断发展,一种新型喇叭——"环保喇叭"问世了,它采用语言压缩技术,由集成电路制成,是一种结构简单、制作容易,耗能少、无噪声污染、低分贝、声音轻细柔和、音质悦耳动听,门铃式的发音装置。"环保喇叭"不需要更改汽车线路设备,直接并联到警示灯上。只要按下警示灯开关,就有声音、灯光双重提示,既完善了汽车警示功能,又解决了城市禁鸣喇叭的难题。

第五章　辅助电气系统

随着汽车辅助工业的发展和现代化技术在汽车方面的应用,现代大客车装用的辅助电气设备很多,以满足驾乘人员的不同需求,而且从发展趋势来看,大客车上辅助电气设备会越来越多,大客车辅助电气设备主要向舒适、娱乐、安全等方面发展。大客车辅助电气设备除了汽车用音响、通信、电视等服务型装置外,还有很多与汽车本身使用性能有关的电气设备,本章就其中比较典型的电动后视镜、电动座椅、刮水洗涤装置、除霜装置以及乘客门控系统等装置进行介绍。

第一节　风窗刮水、洗涤装置的结构与工作原理

电动刮水系统是汽车的重要组成部分,保证驾驶人在任何天气条件下都有良好的驾驶视线。电动刮水系统主要由刮水器电动机、刮水臂、联动装置和车窗清洗器等组成。

一、风窗刮水装置的结构

刮水器的作用是刮除风窗玻璃上的雨水、雪或灰尘,确保驾驶人有良好的视线。刮水器的驱动方式有真空式、气动式和电动式三种,目前汽车上广泛使用的是电动刮水器。电动刮水器普遍具有高速、低速及间歇三个工作挡位,而且除了变速之外,还有自动回位的功能。

如图 5-1 所示,电动刮水器由电动机、传动机构和刮水片三部分组成。电动机轴端的蜗杆驱动蜗轮,蜗轮带动摇臂旋转,摇臂使拉杆往复运动,从而带动刮水片左右摆动。

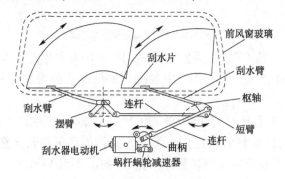

图 5-1　电动刮水器的组成

(一) 刮水器电动机的结构、原理

刮水器电动机一般有励磁式和永磁式两种。永磁式直流电动机具有结构简单、功率大、耗电省、机械特性较硬等优点,在大多数汽车上采用。

1. 刮水器电动机的结构

刮水器电动机主要由磁场、电枢、电刷、减速机构、自动停位器等组成，如图 5-2 所示。刮水器电功机呈封闭型结构，电枢轴承采用铜基含油轴承或球轴承，在出厂前已储有足够的机油或润滑脂，在一定的运行期间（约 500h）内不必加油；减速机构采用蜗轮蜗杆，蜗轮采用尼龙材料，蜗杆采用钢材料，两种材料抗咬合；永磁式电动机及减速机构和自动停位器制成一体。

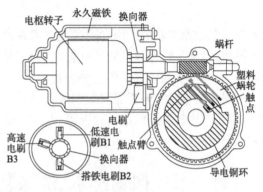

图 5-2 刮水器电动机的外观和内部结构

2. 刮水器电动机的工作原理

为了实现电动机的高、低速挡位工作，永磁式电动机一般采用三刷式电动机，其工作原理如图 5-3 所示。直流电动机工作时，在电枢内的所有线圈中同时产生反电动势，每个小线圈都产生相等的反电动势，电动势的方向如图 5-3 中所示。

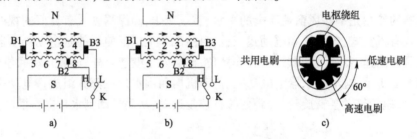

图 5-3 永磁式电动机变速原理

当开关 K 拨到低速挡 L 时，在两个电刷 B1、B3 之间有两条并联支路，各有 4 个绕组，反电动势方向如图 5-3a) 所示。两条并联中各绕组的反电功势相加之和相等，电动机稳定在某一较低转速下运行。

当开关 K 拨到高速挡 H 时，在两个电刷 B2、B3 之间也有两条并联支路，一条支路有 3 个绕组串联，另一条支路有 5 个绕组串联，形成不对称的两条并联支路。但其中一个绕组的反电动势方向与另三个绕组的反电动势方向相反，如图 5-3b) 所示。由于反电动势的减小，使电枢的转速上升，重新达到电压平衡，在负载不变的情况下，使电动机获得较高的转速。

由上所述，控制电刷是否偏置就使永磁式电动刮水器得到了高、低速不同的工作挡位。

3. 刮水器的自动复位原理

为了不影响驾驶人的视线，要求刮水器能自动复位，即不论在什么时候关闭刮水器开关，刮水片都能自动停在风窗玻璃的下部，图 5-4 为刮水器自动复位装置的原理图。

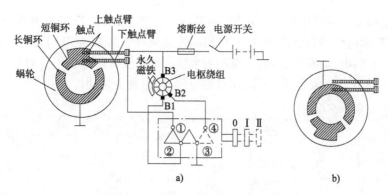

图 5-4 刮水器自动复位装置的原理图

其工作原理如下:

当电源开关接通时,把刮水器开关拉到"Ⅰ"挡时,电流从蓄电池的正极→电源开关→熔断丝→电刷 B3→电枢绕组→电刷 B1→刮水器"Ⅰ"挡→搭铁,刮水器电动机低速运转。

当刮水器开关拉到"Ⅱ"挡时,电流从蓄电池的正极→电源开关→熔断丝→电刷 B3→电枢绕组→电刷 B2→刮水器"Ⅱ"挡→搭铁,刮水器电动机高速运转。

当刮水开关推到"0"挡时,如果刮水器的刮水片没有停在规定的位置,则电流经蓄电池正极→电源开关→熔断丝→电刷 B3→电枢绕组→电刷 B1→刮水器"0"挡→下触点臂→长铜环→搭铁[图 5-4b)],这时电动机将继续转,当刮水器的刮水片到规定位置时,上、下触点臂都和短铜环接触,使电动机短路,如图 5-4a)所示。与此同时,电动机电枢由于惯性而不能立刻停下来,电枢绕组通过上、下触点臂与短铜环接触而构成回路,电枢绕组产生感应电流,因而产生制动转矩,电动机迅速停止转动,使刮水器的刮水片停止在规定的位置。

4. 间歇刮水

当汽车细雨或浓雾天气行驶时,风窗玻璃表面形成的不是连续水滴,如果刮水器的刮水片按一定速度连续刮水,风窗口微量的水分和灰尘就会形成发黏的表面,这样不仅不能将风窗玻璃刮拭干净,反而使玻璃模糊不清,影响驾驶人的视线。为避免上述情况,在现代汽车刮水器中设置了间歇继电器。在遇到上述天气时,将刮水器开关放在间歇挡,刮水器在间歇继电器的控制下,每 5~8s 动作一次,使驾驶人获得良好的视野。刮水器间歇继电器可分为机械式和电子式两类。

1)机械式间歇刮水继电器

机械式间歇刮水继电器主要由时间继电器、一对动合触点和一对动断触点组成。时间继电器线圈通电后动合触点闭合,动断触点断开,用这两对触点接通和切断不同的电路。而时间继电器的线圈通电后很快又自动断开,动合触点此时断开,动断触点闭合,电路状态发生变化,再配合自动停位器,最终使刮水器每隔几秒以低速摆动一次,实现间歇动作,如图 5-5 所示。

2)电子式间歇刮水继电器

电子式间歇刮水继电器按时间是否可调分为可调式和不可调式,图 5-6 是无稳态方波发生器控制的间歇继电器。由 VT_1、VT_2 组成无稳态多谐振荡器。R_1、C_1 决定 K 的通电吸合时间,R_2、C_2 决定 K 的断电时间。当刮水器处在 0 挡时,刮水器电动机电枢被电刷 B_3 与 B_1、继电器的动断触点和自动停位开关短路,电动机不工作。此时,若接通间歇开关,则 VT_1 导通,VT_2 截止,K 通电使动合触点闭合,刮水器以低速运转。当 C_1 充电到一定值后,VT_2 导通,VT_1 迅速截止,K 断电,动断触点闭合,电动刮水器自动停位后停止工作。当 C_2 充电到 VT_1 导通电压时,VT_1 导通,VT_2 截止,K 动作,动合触点闭合,重复上述动作。

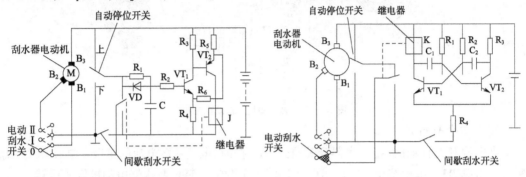

图 5-5　机械式间歇刮水继电器　　　图 5-6　电子式间歇刮水继电器

(二) 刮水片的组成和结构特点

刮水片分为刮杆和刮片两个部分,如图 5-7 所示。刮杆部分是由接头、刮水臂杆、刮水臂及弹簧等零件组成的一个刚性杆件。接头与刮水器电动机传动轴输出端相连接,刮水臂等零件铰接在接头的转轴销上,在弹簧的作用下产生合适的压力给刮片中心,使之与风窗玻璃贴合。

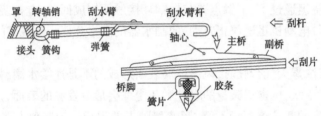

图 5-7　刮水片的结构

刮片部分由主桥、副桥、簧片及胶条等零件组成。刮片的副桥架的多少视刮片长度和风窗玻璃的曲率而定,胶条簧片组成的端部仅与桥架端部的一个桥脚固定,其余均可在桥脚间移动,借此保证胶条的曲线曲率与风窗玻璃的曲率一致。

刮杆与刮片典型的装接形式有凸台插入式、槽孔插入式和弯钩式,如图 5-8 所示。刮片可随刮杆整体更换,也可单独更换。

a) 凸台插入式　　b) 槽孔插入式　　c) 弯钩式

图 5-8　刮杆与刮片的装接方式

(三) 刮水器传动机构

典型的传动机构一般由 1~3 组曲柄摇杆机构或双摇杆机构组成,如图 5-9 所示。四杆机构的杆件一般由管材或槽钢制成。

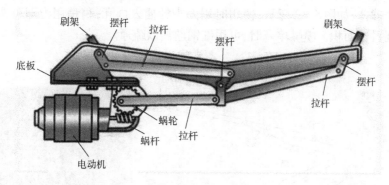

图 5-9 刮水器传动机构

刮水器传动机构专用性较强、尺寸种类变化繁多、无统一的型号编制。其外形、安装尺寸、刮拭角等参数基本上由汽车制造厂根据汽车前围的大小、高低及布置空间等要求而确定。

杆件的铰接点均是球形关节结构,以弥补杆件运动平面在制造和安装上的误差。球铰节的外套由工程塑料制成,具有吸收冲击和减少噪声、防止铰接点咬死等优点。在工作时运动灵活、平稳,装配维修时由于是靠零件的弹性过盈进行轴向定位的,不用专用工具就可拆卸。有的球铰结构同时具备轴向防脱落结构,如图 5-10 所示,轴线稍有偏角,球轴防脱落肩胛便与球套对不准,以此达到防脱落的目的。

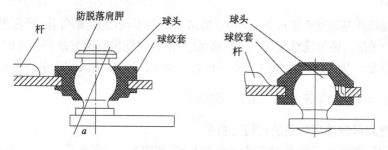

图 5-10 球铰节结构

二、电动洗涤器的结构

汽车在风沙或尘土较多的环境中行驶时,会由于尘土落在风窗玻璃上而影响驾驶人的视线从而影响行车安全,故在很多汽车上安装了洗涤装置,在刮水器的配合下,保持风窗玻璃洁净。电动洗涤器由储液罐、洗涤泵、软管、三通接头和喷嘴等组成,如图 5-11 所示。

1. 储液罐

由塑料制成,容量一般为 3L 左右。洗涤液一般由水或水与适量的添加剂组成,添加剂有利于清洁或降低冰点。

2. 洗涤泵

由一只小型永磁直流电动机和离心泵组成,洗涤泵安装于储液罐上。

3. 喷嘴

汽车洗涤喷嘴分圆形、方形、扁形三种。洗涤器的喷嘴有装一个的或两个的,喷射方向可以调节。单孔喷嘴布置在左右刮水器驱动轴附近,双孔喷嘴布置于车身中心线上。喷嘴的喷头是一个球体,如图5-12所示,使用时用大头针插入内孔,稍稍用力即可调整其朝向,洗涤液喷射到目标面积。喷嘴堵塞时,可用细钢丝加以疏通。

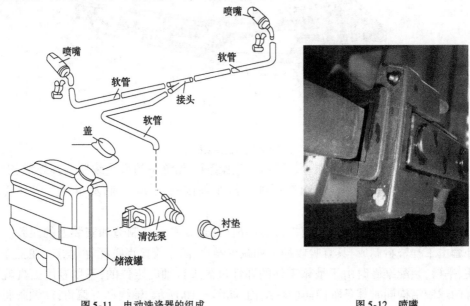

图5-11 电动洗涤器的组成　　　　　　　　图5-12 喷嘴

4. 洗涤液

常用的洗涤液是硬度不超过 205×10^{-6} 的清水。为了刮洗油、蜡等物,可在水中添加少量的去垢剂和防锈剂。强效洗涤液的去垢效果虽好,但会促使风窗密封条和刮片胶条变质,还会引起车身喷漆变色以及储液罐、喷嘴等塑料件的开裂,所以对洗涤液的选用必须十分慎重。

三、刮水器和风窗洗涤开关的正确使用

1. 刮水器和风窗洗涤开关的结构与功用

刮水器和风窗洗涤开关布置在转向盘右下方,如图5-13所示。

图5-13 刮水器和风窗洗涤开关

1) 风窗刮水器开关

刮水器开关为旋钮式开关,有"OFF""INT""LO"及"HI"四个位置。旋钮处于"OFF"位置时,刮水器电路断开,刮水器不工作;旋钮处于"INT"位置时,刮水器电动机电路接通,刮水器间歇运转;旋钮处于"LO"位置时,刮水器电动机电路接通,刮水器低速运转,刮水片慢刮;旋钮处于"HI"位置时,刮水器电路高速挡接通,刮水片作快速刮扫运动。

2) 风窗洗涤器开关

将洗涤器开关操纵杆向上抬时,洗涤器电动机通电、洗涤器喷嘴向风窗玻璃喷出洗涤液,以利于风窗玻璃的清洗。

2. 刮水器开关和洗涤开关的使用注意事项

(1)当车窗洗涤液停止喷出时,应释放开关杆,使洗涤电动机断电;否则应在无车窗洗涤的状态下操纵开关杆,洗涤电动机将会受损伤。

(2)用刮水器刷除风窗玻璃上的灰尘会损伤风窗玻璃与刮水器的橡胶刮水片。因此,在使用刮水器前,应以洗涤液喷湿风窗玻璃。

四、宇通客车风窗刮水、洗涤装置的控制电路

宇通客车风窗刮水、洗涤装置的控制电路图如5-14所示,此电路是大多后置自制底盘车型应用电路,控制为正控;外购底盘前置车型根据底盘配套的开关多为负控。

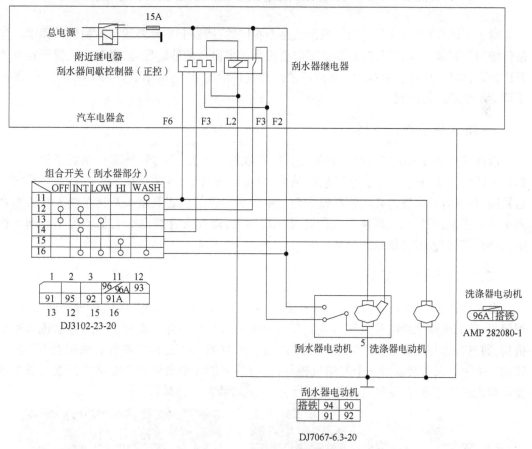

图5-14 宇通客车风窗刮水、洗涤装置的控制电路

刮水器电路由附近继电器、点火开关、刮水器继电器和组合开关对其进行控制。刮水器组合开关有OFF、INT、LOW和HI四个开关控制刮水器电动机进行自动回位、间歇、高挡和低挡四个挡位之间的切换。

LOW挡:总电源→附近继电器→刮水器继电器→L2→组合开关→LOW挡→刮水器电动机→搭铁。

HI挡:总电源→附近继电器→刮水器继电器→L2→组合开关→HI挡→刮水器电动机→搭铁。

自动回位控制,驾驶人每次随机关掉刮水器开关,都能使刮水片回到规定位置。电流通路如

下:总电源→附近继电器→刮水器继电器→L2→组合开关→回位开关→刮水器电动机→搭铁。

间歇挡:总电源→附近继电器→刮水器继电器→L2→组合开关→间歇继电器→刮水器电动机→搭铁。

洗涤电动机也由附近继电器、点火开关、刮水器继电器和组合开关对其进行控制。通过组合开关的 WASH 挡接通洗涤器电动机电路进行运转。

WISH 挡:总电源→附近继电器→刮水器继电器→L2→组合开关→WISH 挡→洗涤器电动机→搭铁。

第二节 电动后视镜的结构与工作原理

对于不同身高的人群,他们的视角也是不相同的,所以上车后要调节后视镜的角度。但是传统的后视镜手动调节,轿车和货车需要将手伸出窗外调整后视镜,客车后视镜所在的位置比较高,调整不方便,给驾驶人造成不便。在这种情况下,电动调节后视镜就诞生了,解决了调节不便造成的问题。

一、电动后视镜的作用

后视镜是驾驶人坐在驾驶室座位上直接获取汽车后方、侧方等外部信息的工具。为了驾驶人操作方便,防止行车安全事故的发生,保障人身安全,各国均规定了汽车上必须安装后视镜,且所有后视镜都必须能调整方向。由于后视镜的位置直接关系到驾驶人能否观察到车后的情况,而驾驶人调整它的位置又比较困难,现在所有的汽车上都装配了电动后视镜,方便了驾驶人对后视镜的调整。

二、电动后视镜的结构

电动后视镜如图 5-15 所示,一般由镜片、电动机(装于后视镜壳内)、后视镜固定座、后视镜壳、控制电路及操纵开关等组成。在每个电动后视镜的背后装两个可逆电动机和驱动机构,通过操作控制开关(图 5-16),选择 L(左)或 R(右),可选择左或右后视镜上下及左右转动。上下方向的转动由一个电动机控制;左右方向的转动由另一个电动机控制。通过改变电动机的电流方向,对镜片的角度进行上、下偏转和左、右偏转调节。

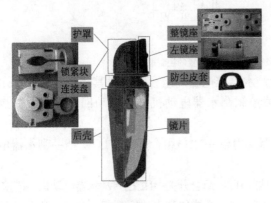

图 5-15 典型客车电动后视镜

图 5-16 控制开关

三、电动后视镜控制电路及工作原理

电动后视镜的控制电路比较简单,如图 5-17 所示,通过选择开关和调节开关进行控制,选择开关选择是左侧还是右侧的电动后视镜;调节开关具有上、下、左、右四个位置,通过电动后视镜内的两个电动机来调节镜面角度的上、下偏转和左、右偏转,使其达到理想的位置。

四、电动后视镜的除霜

随着汽车技术的发展和操作人性化要求,加强汽车在雨雾天气及气温较低情况下行车的安全性,越来越多的客车在后视镜内也设置了除霜装置。驾驶人只需开启加热除霜按钮便可除去镜片表面的积雾和水滴。

图 5-18 所示为典型客车风窗除霜系统电路图。因除霜系统耗电很大(30A 以上),所以系统采用了定时电路。

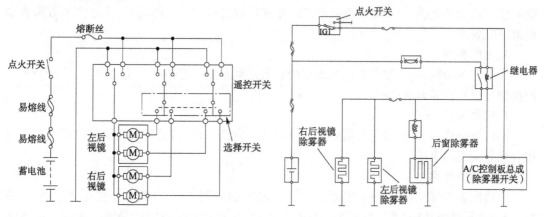

图 5-17 后视镜基本控制电路　　　　图 5-18 典型客车风窗除霜系统电路

当接通除霜器开关后,除霜器开关使除霜继电器的磁化线圈搭铁,继电器触点闭合,风窗玻璃及后视镜上的电热丝通电发热,使冰霜受热蒸发。除霜器开关中的时间继电器维持除霜继电器导通 10~20min,然后自动切断除霜继电器的电路,使电热丝断电。若想继续除霜,可再次接通除霜开关。

第三节　电动座椅的结构与工作原理

近年来随着社会的快速进步,经济的迅猛发展,全国居民生活水平的大幅度提高,旅游业的迅速发展,高速公路的大力兴建,各旅游公司、出租汽车公司及宾馆饭店、长途客运站等部门迫切需要豪华、舒适、性能良好和安全可靠的客车。现代人们对客车座椅的要求,不只是满足于外形美观华丽,更重视人的因素,例如:舒适的乘坐姿势、合理的体压分布、可靠的安全性等。座椅作为客车的重要组成部分,直接关系到客车的乘坐舒适性、安全性和方便性,并在感情上影响人们对客车的评价。

一、对汽车电动座椅的要求

目前,有很多因素都在一定程度上影响着汽车座椅的设计,比如日益严格的环保法规及车辆安全法规、乘坐人员数量的变化、油价上涨、原材料价格的改变等,但是驾乘人员是影响汽车座椅设计的最大因素。驾乘人员对汽车座椅的要求主要有安全性、舒适性、便捷性、环保性和配置的灵活多样性。

1. 产品安全

座椅作为安全部件,在被动保护中起决定性作用。首先,在发生事故时它要保证乘坐人员处在自身的生存空间之内,并防止其他车载体进入这个空间;其次,要使乘坐人员在事故发生过程中,保持一定的坐姿,以使其他的约束系统能充分发挥其保护效能;除具有防止事故发生的功能外,座椅还应具有在乘坐人员与其发生碰撞时,使乘坐人员的伤害减轻到最低的性能,即座椅能够吸收乘坐人员与之碰撞时产生的能量。

2. 舒适

合理的座椅能使乘客保持良好的坐姿,使其脊柱自然弯曲,保证合理的体压分布并使其肌肉松弛,使乘客上身通向大腿的血管不受压迫,血液循环正常,并具有腰椎依托感、腰背部贴和感和侧向稳定感;能有效隔离或衰减汽车在行驶过程中产生的振动,满足大多数乘客坐姿舒适的要求。

3. 操作便利

座椅还需操纵方便,调节手柄和按钮的布置必须在驾乘者伸手可及的位置,并符合常人的操作习惯且操纵力量适中。

4. 造型美观

座椅外观造型、面料颜色和质感要与整车造型协调一致,满足驾乘人员在使用汽车过程中各感官知觉的需求。

5. 配置多样性

座椅配置多样性包括座椅功能的多样性(座椅前后调节、上下调节及腰部支撑调节、座椅可翻转、折叠等功能)及座椅形式多样性(后排座椅采用连体座椅或是独立座椅)等,最大限度地满足驾乘人员的需求。

二、电动座椅的基本结构与原理

普通电动座椅由若干个双向电动机、传动装置及控制开关等组成。每个电动机为双向电动机,通过开关控制双向动作,通电后,电动机输出动力经传动装置传至电动座椅,从而对座椅的不同位置进行调节。

电动座椅调节装置由前、后滑动调节机构、前垂直调节机构(驾驶人座椅)、后垂直调节机构、靠背调节机构、腰部支撑调节机构、头枕调节机构以及开关、电路等组成,电动座椅的调节装置及其在座椅上的布置如图5-19所示。

电动座椅每个方向的调节机构都由一只双向电动机和传动装置等组成。传动装置主要包括:上下轨道、螺杆、联轴器支架等部件。电动座椅的电动机一般为永磁性直流电动机,利用开关可控制经电动机的电流方向,从而使电动机有两个转动方向,以实现座椅在某两个方向上的调整。

三、电动座椅控制电路

电路电动座椅的控制电路如图5-20所示,它主要由蓄电池、组合控制开关和三个电动机组成。组合控制开关内部有 4 套开关触点。驾驶人或乘员可通过控制开关上的按钮来调节座椅的位置。

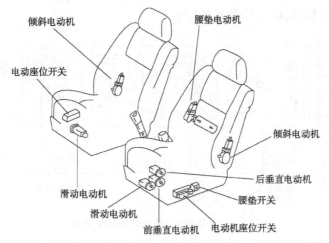

图 5-19 电动座椅的基本结构

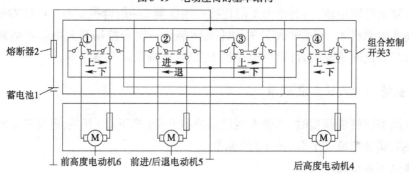

图 5-20 电动座椅的控制电路图

（一）座椅前倾的调节

1. 前部上升电路

如需要电动座椅前部垂直上升时，可接通调节组合控制开关中的前倾开关。此时，电路中电流的流动方向如图 5-21 所示。电流的路线为：蓄电池 1 的正极→熔断器 2→组合控制开关中①左侧触点→前高度电动机 6→熔断丝→组合控制开关中①右侧触点→组合控制开关中③右侧触点→搭铁→蓄电池负极。此时构成闭合回路，前高度电动机 6 转动，座椅前部垂直上升。

2. 前部下降电路

前部下降电路的电流为：蓄电池 1 正极→熔断器 2→组合控制开关中①右侧触点→熔断丝→前高度电动机 6→组合控制开关中①左侧触点→组合控制开关中③左侧触点→搭铁→蓄电池负极。此时构成闭合回路，前高度电动机 6 反转，座椅前部垂直下降。

（二）座椅后倾的调节

1. 后部上升电路

如需要电动座椅后部垂直上升时 可接通调节组合控制开关中的后倾开关，这时，电流为:蓄电池1的正极→熔断器2→组合控制开关中④左侧触点→后高度电动机4→熔断丝→组合控制开关中④右侧触点→组合控制开关中③右侧触点→搭铁→蓄电池负极。此时构成闭合回路,电动机4转动,座椅后部垂直上升。

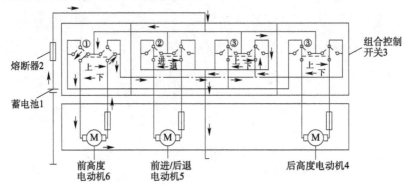

图5-21 电动座椅前部上升时的电流方向

2. 后部下降电路

后部下降电路的电流为:蓄电池1的正极→熔断器2→组合控制开关中④右侧触点→熔断丝→后高度电动机4→组合控制开关中④左侧触点→组合控制开关中③左侧触点→搭铁→蓄电池负极。此时构成闭合回路,电动机4反转,座椅后部垂直下降。

(三) 座椅的上/下高度调节

当需要调节座椅的高度时,驾驶人接通座椅的上升(或下降)开关,电动机4和6同时通电、同向转动,实现座椅的上升(或下降)调节。

1. 座椅的上升电路

前高度电动机6的电路为:蓄电池1正极→熔断器2→组合控制开关③左侧触点→组合控制开关①左侧触点→前高度电动机6→电动机熔断器→组合控制开关①右侧触点→组合控制开关③右侧触点→搭铁→蓄电池的负极。此时前高度电动机6正转。

后高度电动机4的电路为:蓄电池1正极→熔断器2→组合控制开关③左侧触点→组合控制开关④左侧触点→后高度电动机4→电动机熔断器→组合控制开关④右侧触点→组合控制开关③右侧触点→搭铁→蓄电池的负极。此时后高度电动机4正转。

2. 座椅的下降电路

座椅下降调节时的电路与上升电路相似,只是此时前高度电动机6和后高度电动机4同时反转,这里不再介绍。

(四) 座椅前进/后退的滑动调节

1. 前进电路

前进电路为:蓄电池1正极→熔断器2→组合控制开关②左侧触点→前进/后退电动机5→熔断丝→组合控制开关②右侧触点→搭铁→蓄电池负极。前进/后退电动机5正转,座椅前进。

2. 后退电路

后退电路为：蓄电池 1 正极→熔断器 2→组合控制开关②右侧触点→熔断丝→前进/后退电动机 5→组合控制开关②左侧触点→搭铁→蓄电池负极。前进/后退电动机 5 反转，座椅后退。

四、带记忆功能的电动座椅

在一些豪华客车上，座椅不仅可以电动调节，甚至还带记忆功能，下面进行简单介绍。

1. 电器控制部分

电器控制部分如图 5-22 所示，它主要由继电器、过载保护装置、控制开关、（手动调节开关、存储复位开关）、电子控制模块及位置电位器等组成。

位置电位器是控制部分的主要部件，其结构如图 5-23 所示。

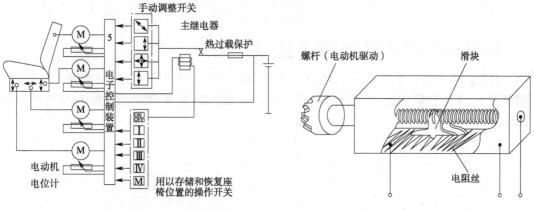

图 5-22　带记忆功能的电动座椅电器控制图　　　图 5-23　位置电位器的结构

2. 执行机构

执行机构用来执行驾驶人的指令，以实现座椅的调整。它主要由电动机、传动装置和调节机构等组成。

电动机将电能转化为机械能最终产生转矩，通过传动装置驱动调整机构对座椅进行调整。电动机多采用双向式永磁电动机。

传动装置的作用是将电动机的动力传给调整机构，以使座椅实现调节。

调节机构主要由蜗轮蜗杆减速器、螺杆和螺母、千斤顶等组成。

第四节　除霜装置的结构及控制电路

汽车风窗玻璃在下雪天或气温较低的情况下易结冰结霜，刮水器是无法清除冰霜的，此时会严重影响驾驶人视线，因此汽车上安装有除霜装置。汽车前风窗玻璃上的霜层通常是利用空调系统中产生的暖气，达到清除结霜的目的，后风窗玻璃多使用电热式除霜。

一、手动控制除霜装置

手动控制除霜装置由开关、电热丝、连接线路等组成，如图 5-24 所示。电热丝镀装在后窗玻璃的内表面上,由数条正温度系数的细小镍铬丝构成,自身具有一定电流调节功能。通电加热即可防止结霜。

在点火开关 ON 的情况下,如果需要除霜,只要按下除霜器开关,使除霜电路及指示灯接通,除霜装置及指示灯均工作。

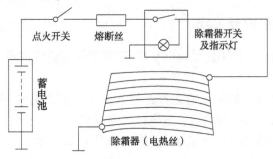

图 5-24　后窗除雾器

二、后风窗玻璃自动控制除霜装置

自动控制除霜装置由开关、传感器、控制器、电热丝、连接线路组成。传感器安装在后风窗玻璃上,采用热敏电阻,结霜越厚,阻值越小。后风窗玻璃自动控制除霜装置电路如图 5-25 所示。

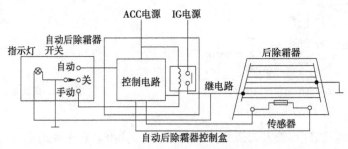

图 5-25　后风窗玻璃除霜装置电路

除霜开关置"关"位置时,控制电路及指示灯电路被断开,除霜装置及指示灯均不工作;除霜开关置"手动"位置时,继电器线圈可经手动开关直接搭铁,继电器触点闭合,使除霜电路及指示灯接通,除霜装置及指示灯均工作;除霜开关置"自动"位置时,若结霜达到一定厚度,传感器电阻值急剧减小到某一设定值,控制电路使继电器线圈通电,继电器触点闭合。由点火开关 IG 接线柱向电阻丝供电,同时点亮仪表板上的指示灯,表示除霜装置正在工作。当玻璃上结霜减少到某一程度后,传感器电阻值增大,控制电路切断继电器线圈回路,触点断开,电阻丝断电,除霜装置停止工作,同时指示灯灭。

第五节　乘客门控系统结构与工作原理

一、乘客门的作用

客车或公交车的乘客门平时是提供乘员进出的必要通道,遇险时又属于撤离的应急出口。

二、乘客门的位置

全世界 60 亿人口中,靠右行的"右派"约 40 亿人,靠左行的"左派"20 亿人。"右派",多是典型大陆国家,如美国、中国、俄罗斯、德国、法国、巴西等。这些国家的客车或公交转方向盘在左侧,交通规则是靠右行驶,乘客门也就开在右侧;"左派",多是典型岛国和半岛、次大陆国家;如英国、日本、印度、巴基斯坦、印尼、泰国、澳大利亚、新西兰等。这些国家转向盘在右侧,交通规则是靠左行驶,乘客门也自然开在车辆的左侧。

三、乘客门的数量及尺寸

(一)乘客门的数量

根据国家标准 GB 13094 的规定,乘客门的最少数量见表 5-1。

乘客门的最少数量 表 5-1

客车类型	Ⅰ 级			Ⅱ、Ⅲ 级	
车长 $L(m)$	$L \leq 10$	$10 < L \leq 13.7$	$L > 13.7$	$L \leq 12$	$L > 12$
乘客门最少数量(个)	1	2	3	1	2

注:根据 GB 15089—2001 要求,Ⅰ、Ⅱ、Ⅲ级代表含义如下:
  Ⅰ级:可载乘员数(不包括驾驶人)多于 22 人,允许乘员站立,并且乘员可以自由走动。
  Ⅱ级:可载乘员数(不包括驾驶人)多于 22 人,只允许乘员站立在过道和/或提供不超过相当于两个双人座位的站立面积。
  Ⅲ级:可载乘员数(不包括驾驶人)多于 22 人,不允许乘员站立。

(二)乘客门的尺寸

乘客门打开后净宽、净高的要求见表 5-2。

乘客门的净宽、净高要求 表 5-2

客车类型	Ⅰ 级	Ⅱ、Ⅲ 级	备 注
净高(mm)	1800	1650	—
净宽(mm)	单引道门:650 双引道门:1100(GB 13094—2007) 双引道门:1200(欧盟法规 2001/85/EC)		在距地面 800~1100mm 范围内测量;该尺寸在扶手处可减少 100mm

注:1. 上述尺寸在测量时,允许包括密封条可压缩变形的部分。
  2. 欧盟法规 2001/85/EC 的 7.6.3.1 对双引道门净宽要求和我国国家标准不同,其他相同。

四、乘客门的主要类型

客车乘客门的结构形式主要有三种:外摆式、内摆式、折叠式。

(一)外摆式乘客门

外摆式乘客门又称外开平移式乘客门。外摆式乘客门在关闭时,其外侧与车身外侧面平齐,密封效果、美观性好,近年来不仅在中、高档城间车上普遍采用,而且在城市公交车上也得以推广应用。外摆式乘客门有单摆和双摆两种类型,如图 5-26 所示。

外摆式乘客门根据驱动力的不同分为气动式、电动式与液压式,其中气动式应用最为广泛,下面主要介绍气动式外摆门的组成及其工作原理。

气动式外摆门可适应整车造型,减少了风阻;密封性能好;开闭动作平稳,灵活;有锁紧、缓冲、防夹功能,安全可靠;特别适用于有气源的中高档客车上。

典型的气动式外摆门系统主要由驱动机构门泵及其附件、气动乘客门控制器、控制开关锁止机构等部分组成,如图 5-27 所示。

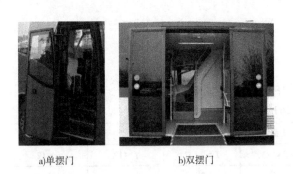

图 5-26 外摆式乘客门的两种类型

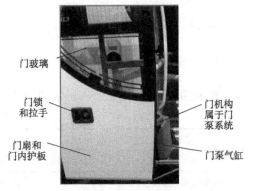

图 5-27 气动外摆式乘客门系统的组成

1. 门泵

外摆门泵的工作原理:关门时,压缩空气从下进气口进入气缸,推动活塞上行。通过螺旋轴和螺旋套的相互作用,将活塞杆的向上运动转化为水平旋转运动,从而带动转臂旋转,使车门关闭。

车门与门框贴合后,不能继续转动,但活塞继续上升,螺杆上升,带动螺旋套及转臂一起上升,从而车门上升,使车门与门框锁块锁紧。气动门泵的外观及其内部组成如图 5-28 所示。

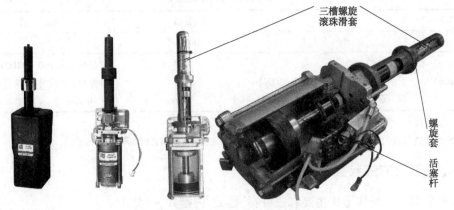

图 5-28 门泵的外观及内部组成

2. 门泵及附件

一般更换门泵时,经常进行总成更换,门泵上的附件主要包括上支臂、转轴、转臂机构等,具体如图 5-29 所示。

3. 气动乘客门控制器

气动乘客门控制器常见的是一个二位五通电磁阀,如图 5-30 所示。断电时,可以按电磁阀端部的红色按钮,控制气路换向,从而控制车门启闭。

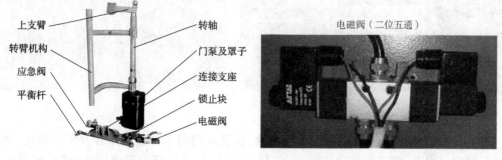

图 5-29　门泵及其附件　　　　　图 5-30　乘客门控制电磁阀

4. 控制开关

气动乘客门控制开关分为普通控制开关与应急控制开关。普通控制开关如图 5-31 所示,应急控制开关又可分为车内应急开关与车外应急开关。车内应急开关布置在乘客门上方的明显处,紧急情况时可打开护盖,并顺时针转动应急开关的红色手柄,切短乘客门气路,车门即可手动推开,方便乘客及时安全撤离。反向旋转,气路恢复正常,如图 5-32 所示。车外应急开关布置在乘客门侧边的明显处,紧急情况时车外群众也可打开用于救助车内乘客,操作同车内应急开关,如图 5-33 所示。

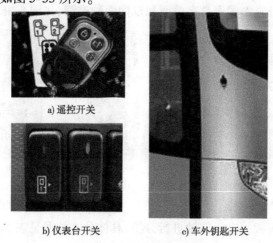

a) 遥控开关

b) 仪表台开关　　　　c) 车外钥匙开关

图 5-31　普通控制开关

5. 锁止机构

各种外摆式乘客门都设有一套锁止装置,防止车辆高速行驶时旅客往外推门脱出,造成人员伤害。所以锁止机构设计直接影响客车行驶的安全性,在每扇乘客门的两边各有一机械锁止装置,同时设置了门锁,能从车外用钥匙将车门锁上或打开,以便在停车或压缩空气压力不足的情况下门仍可安全地锁住。它在客车行驶过程中一般不起作用,此时门扇无上升行程,一旦用机械方法将乘客门锁住,就不可再操纵电启动装置,要保证门锁开启自如,不允许有卡死和脱节现象。

图 5-32 车内应急开关

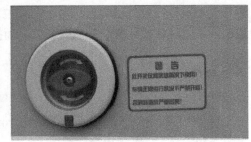

图 5-33 车外应急开关

客车在行驶过程中,乘客门处于上升位置,保证车门与车身紧密贴合及车门锁止,通过旋转门泵将门提升,靠门上的限位锁块和门框上的限位锁块啮合形成锁止功能,如图 5-34 所示。

(二) 内摆式乘客门

内摆式乘客门又称内开移式乘客门。内摆式乘客门是乘客门中开启后净开度最大的一种,方便乘客上下车,尤其适用于城市客车。另外其还具有开闭动作平稳可调节、密封性能较折叠门好、有防夹功能、安全可靠等特点。

1. 内摆式乘客门的分类

内摆式乘客门从外观形式上具有单摆和双摆两种类型,如图 5-35 所示。

a) 锁止前　　　b) 锁止后　　　a) 单摆　　　b) 双摆

图 5-34　乘客门的锁止机构　　　　　　图 5-35　内摆式乘客门

内摆式乘客门也可根据有无转轴进行分类,具体分类情况见表 5-3。

内摆式门的分类　　　　　　　　　　表 5-3

序号	种类	常用车辆	门泵布置形式和特点
1	转轴式气动内摆门（内置转臂）	大中型公交车	(1) 门泵及托盘安装于门上部冷气道内; (2) 门泵转轴通过上下两个转臂传递动力; (3) 转臂连接在门扇上缘和下缘,上部和下部密封毛刷的密封性较差; (4) 相比外置转臂内摆门有较大的门净开度; (5) 单扇门的转轴一般为单根,靠近转轴一侧的门洞轮廓在 XZ 平面内是竖直线

续上表

序号	种类	常用车辆	门泵布置形式和特点
2	转轴式气动内摆门（外置转臂）	大中型公交车	(1)门泵及托盘安装于门上部冷气道内； (2)门泵转轴通过上下两个L形转臂传递动力； (3)L形转臂截面较薄,从靠近门洞两侧处连接在门扇外侧,距门扇上缘和下缘有段距离； (4)密封毛刷较短,密封性较好。门净开度稍小
3	无轴式气动内摆门	大中型客车	(1)门泵布置在二级踏步下部； (2)门泵动力直接推拉门扇下部,省去了门泵轴； (3)门扇内摆时的运动轨迹须占用较大的踏步空间

2. 内摆式乘客门防夹功能和原理

内摆式乘客门防夹设计有两种类型,一种是压力防夹,另一种是时间防夹。不管哪种防夹方式,防夹功能要在行程端点(门和门洞接触)到达之前有效。到达行程端点后防夹被屏蔽才能正常关上门,如图5-36所示。

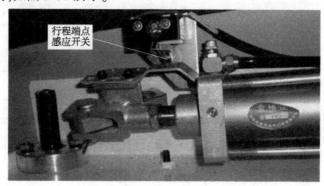

图5-36 门泵行程端点感应开关位置

1）压力防夹

行程端点到达之前,传感器(气压开关)监控气缸气压,若有突变气压,说明乘客被夹到,防夹生效,电磁阀会发出开门信号并开门。若无突变气压,则正常关门。

2）时间防夹(不建议采用)

事先设定一个合理的关门延时时间,例如4s。关门电磁阀动作开始4s后,监测是否到达行程端点(是否关好了门)。若未到达端点(门未关到位),即说明乘客被夹住了,防夹生效,电磁阀会发出开门信号并开门。若4s时已到达行程端点,则已经正常关门。

3. 内摆门的摆向

单扇内摆门,开门方向应向前摆,可避免高速行车时风将车门吹开一个缝隙的问题；双扇内摆门,前扇门应比后扇关闭慢一点,关好后中部密封条的搭接方式就是前扇盖住后扇,也是为了可避免高速行车时风将车门吹开一个缝隙的问题。关门速度可分别调节。

（三）折叠式乘客门

折叠式乘客门是指主动、被动门扇铰接在一起,开门时各门扇同时动作并折叠在一起的乘客门。打开时呈折叠形式,是各种客车普遍采用的传统形式的乘客门。不过随着客车技术的不断进步发展以及折叠式乘客门自身的特点,其已不是市场主流。

1. 折叠式乘客门的分类

根据外观形式可分为单轴两页和双轴四页两种类型,如图5-37所示。

图5-37 单轴两页式折叠乘客门

根据折叠门的驱动力不同,又可以分为电动、气动、手动式三种类型,见表5-4。其中以电动折叠门应用最广。

折叠门的分类　　　　　　　表5-4

序号	种类	常用车辆	门泵布置形式
1	电动折叠门	豪华前置轻型客车	门泵在中下部,常见于门前侧
2	气动折叠门	普通前置轻型客车	前置轻型客车;门泵在中下部,常见于门前侧老式公交车也有布置在门上托盘上的
3	手动折叠门	普通前置轻型客车	无门泵

2. 电动折叠门的特点

电动折叠门,主要用于6~7m中巴车,产品具有以下特点:

(1)门主体可用钢板制成,适于模具冲压、批量生产,成本较低。

(2)开启或关闭时较少占用车内外空间。

(3)开关方便,使用安全,操纵灵活,简单实用。

图5-38 电动门泵

(4)门总成划分多个模块,组合方便,利于维修。

常见的电动门泵如图5-38所示。

乘客门是客车的重要组成部分,是乘客上下车的通道,对客车的整体造型也起着重要的协调作用。客车外形是影响客车性能的一个重要因素。乘客门是车身外形的一个组成部分,它不仅与客车的动力性、经济性密切相关,而且直接影响客车外形的美观与动感。随着车速的不断提高,客车的空气动力性问题越来越突出。过去我国采用较多的是折叠式车门,由于车门内陷而增加了汽车的空气阻力,产生风流噪声,而且由于车门缝隙大,密封困难,在行驶中产生强烈的振动噪声和漏尘,从而严重影响乘坐舒适性。导槽滚轮式乘客门虽然无内陷,但是在车身侧壁有导槽。因此,在国外的许多旅游客车和长途客车上出现了一种使车身表面平整光滑的乘客门,这就是外摆式乘客门。近年来,内摆门和外摆门已经在我国客车生产中得到广泛应用。

（四）乘客门的使用及其典型控制电路

1. 车内控制与使用

车内仪表台上有控制乘客门启闭的组合翘板开关,当使用车辆时,拉开车门电源总开关,当车门气路中有气时,按动乘客门启闭开关,则车门打开或关闭。若气路中无气时,拉起副仪表台处红色手动放气开关按钮,即可手动开关车门。但行车时该手动放气开关按钮必须按下。

2. 车外控制与使用

车身前围右侧有一个电控钥匙开关(选装遥控门锁时无此开关),当使用车辆时,先将乘客门后侧的机械式车门锁打开,用钥匙开启自动打开(当车门气路中有气时);当车门气路中无气时(或气不足时),此时门不能打开,这时请打开右侧前轮后第一个舱门,仓体靠近大梁处有一个红色可旋转式放气开关,扭转此开关至"关"位即可手动开启前门,行车时必须将此开关旋转至"开"位置。

3. 当车辆停用时

首先关闭电源总开关,在车外用前围处的电控钥匙开关关闭车门(若该车装配的是遥控门锁,可遥控关闭车门),在车门后侧有一个独立的机械式门锁,可用钥匙锁闭车门。

注意:当任何时候用机械式门锁锁住车门后,不可用电控气动系统开启车门!

4. 乘客门的典型控制电路图

如图 5-39 和图 5-40 所示,乘客门的打开与关闭有两种控制方式,一种是通过手动的乘客门开关进行控制,另外一种是可以通过遥控开关进行控制。

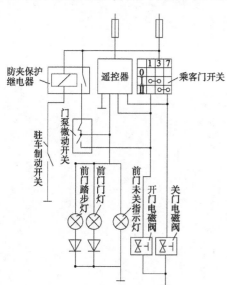

图 5-39 典型乘客门控系统电路图

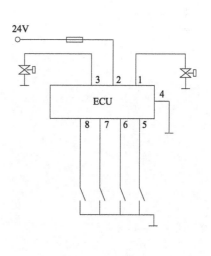

图 5-40 乘客门遥控器电路

1-关门继电器输出控制;2-+24V 电源输入;3-开门继电器输出控制;4-GND 电源地(搭铁);5-手动开门输入(搭铁有效);6-手动关门输入(搭铁有效);7-驻车制动输入信号;8-车门开关检测输入信号

(五)乘客门的使用和维修

车门在运动中,不允许强行推拉车门。在车辆未停稳时不允许开门。关门时,车门上提未到位或车门与密封条周边有间隙,说明门边止块未锁止,应检查气路是否漏气、气压是否充足、门柱锁止块是否移位、门下拉杆是否变形、连接部分是否松动等,待查明原因、排除故障后,方可行车。当车门操作失灵时,应检查电器线路、管路接头密封情况,如均正常,再检查具体位置。使用中,赃物易进入二位四通阀,造成小孔堵塞,密封不严,气路不畅通,致使车门启闭困难失灵,此时应拆洗该二位四通阀,使小孔畅通,再按原装顺序依次装入。

第六章 空调系统

第一节 空调系统概述

一、汽车空调的作用

(一)空调的定义

空调即空气调节,空气调节就是对一封闭空间内的空气温度、湿度、清新度等进行调节,使封闭空间的空气环境达到对人体最适宜的状态。

(二)汽车空调的功能

现代汽车所配置的空调系统其功能较为完整,它包括了采暖、制冷、空气净化、通风与空气温度调节、自动调节等功能。

二、现代汽车空调系统的基本组成与类型

(一)现代汽车空调系统的基本组成

1. 制冷系统

制冷系统是汽车空调的冷源,蒸气压缩式制冷装置通过压缩机的压缩和抽吸作用,使制冷剂在管路中循环,在低压端(蒸发器)汽化吸热,以降低蒸发器周围空气的温度,并将冷空气送入车内;在高压端(冷凝器处)液化散热,并将吸收了热量的热空气散发到车外大气中。如此,制冷系统工作时通过制冷剂气态与液态相互转换,进行着吸热和放热循环过程,将车内的热量"搬"到了车外,从而降低了车内空气的温度。

2. 采暖系统

采暖系统是汽车空调的热源,利用汽车发动机冷却液、废气的余热或利用燃烧器燃烧产生热量,通过加热器加热进入车内的空气,以提高车内的温度。

3. 通风与空气温度调节系统

通风系统通过鼓风机、进风口风门和风道,将车外的新鲜空气引入车内,达到通风、换气之目的;空气温度调节系统则是通过相应的控制开关和风门控制进风量,并将冷风、热风、新鲜空气有机地混合,形成温度适宜、风量适当的气流送入车内。

4. 空气净化装置

空气净化装置通过某种方式将车内空气中的尘埃、异味及其他有害气体清除掉,以使车

内空气变得清新。配备空气净化装置的汽车空调在高级轿车和豪华大客车上应用较多。

5. 控制系统

空调电子控制系统由传感器、控制器及执行机构组成,用于自动调节车内空气的温度、湿度、空气流量和流向,使车内形成冷暖适宜的气流,实现车内环境在各个季节、全方位多功能的最佳调节。

(二) 汽车空调的类型

不同类型、不同级别的汽车,其装备的汽车空调也会有所不同,因此,现代汽车空调有多种结构类型,现以不同的分类方法予以概括。

1. 按空调压缩机驱动方式分

1) 独立式空调

独立式汽车空调由专用空调发动机来驱动制冷压缩机。独立式空调系统的制冷量大,工作稳定,但成本高,体积及质量大。独立式汽车空调多用于制冷量较大的大、中型客车上。

2) 非独立式空调

非独立式汽车空调由汽车发动机直接驱动制冷压缩机。这种汽车空调结构紧凑,其缺点是制冷性能受汽车发动机工作的影响,工作稳定性较差。小型客车和轿车都采用了非独立式汽车空调。

2. 按空调的功能分

汽车空调经历了由低级到高级的发展过程。最先进入汽车的是暖风机,它主要是向乘客供暖,以及为风窗玻璃内侧除霜。随着制冷技术的发展,冷风机也进入了汽车。故客车空调按功能可分为冷暖分开型、冷暖一体型、全功能型。

三、衡量汽车空调质量的指标

汽车空调是要使车内空气环境达到对人体最适宜的状态,人对车内空气环境的舒适感觉与车内的空气温度、空气湿度、空气流速及空气的清新度除霜功能等因素有关。能否将车内的空气调节到人体感觉最舒适的程度,是衡量汽车空调质量高低的标准。

(一) 空气温度

空气温度是汽车空调质量最重要的指标。人感觉最适宜的温度:夏季为 22~28℃,冬季为 16~18℃。在冬季如果温度低于 14℃,人就会有冷的感觉,温度越低,手脚动作越容易僵硬,操作灵活性会越差,对行车安全会有影响;当温度下降到 0℃时,会使人产生冻伤。在夏季如果温度高于 28℃,人体就会有热的感觉,温度越高,头昏脑涨、精神不集中、思维迟钝的情况就会越严重,这容易造成行车事故;如果温度高于 40℃,就会对人体健康造成伤害。

除了温度的高低对人体舒适性的影响外,温度的分布对人体舒适性感觉也有影响。人体适宜的温度分布是头凉足暖,头部的舒适温度比足部要低 1.5~2℃,温差在 2℃左右。

(二) 空气湿度

空气湿度是汽车空调质量的另一项指标,人们通常用空气潮湿、空气干燥来表示空气湿度过高或过低。人体适宜的相对湿度:夏季为50%~60%,冬季为40%~50%。在此湿度范围内,人会感觉舒畅,皮肤光滑、柔嫩。湿度过低(15%~30%),人体皮肤会干燥,衣服与皮肤摩擦产生静电而使人感觉很不舒服;如果湿度太低,则会使人体皮肤因缺水而造成干裂。湿度过高(90%~95%),人体皮肤水分蒸发不出去,干扰人体正常新陈代谢;湿度太高,人会有"闷"的感觉,对人体健康会有不利影响。

(三)空气流速

空气流速也是反映汽车空调质量的参数之一。空气的流动可促进人体内外散热,适宜的空气流速应在0.075~0.2m/s。空气低速流动会使人感觉舒适,如果空气流速过高,人就会有不舒适的感觉。

(四)空气清新度

空气清新度是反映汽车空调质量的另一项指标。清新的空气应该是富氧,少CO_2(<0.03%)和CO(<0.01%)、少粉尘。由于汽车内空间较小,极易造成空气混浊,使人感觉不适,且对驾乘人员身体健康不利。如果CO_2含量大于1.0%、CO含量大于0.03%,则会严重影响驾乘人员的身体健康。

(五)除霜功能

由于有时汽车内外温度相差太大,会在玻璃上出现雾或霜,影响驾驶人的视线,所以汽车空调必须有除霜、除雾功能。

(六)操作简单、容易、稳定

汽车空调必须做到不增加驾驶人的劳动强度,不影响驾驶人的正常驾驶。

第二节 空调取暖装置的结构及工作原理

冬季天气寒冷,在运动的汽车内人们感觉更寒冷。这时,汽车空调可以向车内提供暖风,提高车内的温度,使乘员不再感觉到寒冷。另外在冬季或者初春,车内外温差较大,车窗玻璃会结霜或起雾,影响驾驶人和乘客的视线,不利于安全行车,这时可以用暖风来除霜和除雾。这种对车内空气或进入车内的外部空气进行加热的装置,称为汽车取暖装置。

汽车取暖装置按所使用的热源不同可分为余热式加热系统和独立热源式,因轿车、货车和中小型客车,需要的热量较小,可以用发动机的余热来直接供暖;而大型豪华旅游车、寒带地区使用的客车,需要的热量较大,装有专门的暖风装置,常采用独立热源式采暖系统。

一、余热式加热系统的结构与工作原理

余热供暖设备简单、使用安全、运行经济。但其缺点是热量较小,受汽车运行工况的影响,发动机停止运行时,即没有暖气提供。余热供暖系统又分为水暖式和气暖式两种。

(一)水暖式加热系统

水暖式加热系统工作原理如图6-1所示。从发动机出来的冷却液经过节温器在温度达到80℃时,节温器开启,让发动机冷却液流到供暖系统的加热器芯,在节温器和加热器芯之间设置了一个热水开关,用来控制热水的流动。冷却液的另一部分流到散热器散热。

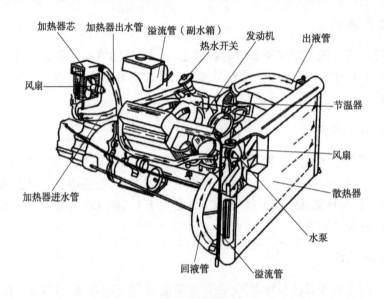

图6-1 水暖式加热系统工作原理

冷却液在加热器芯散热,用来加热周围的空气,然后再用风扇送到车内;冷却液从加热器芯出来,在水泵的泵吸下,又重新进入发动机的水套内,冷却发动机,完成一次供暖循环。

(二)气暖式加热系统

气暖式采暖系统是利用发动机排气管中的废气余热供车厢取暖。

最早的结构形式是让排气管通过驾驶室直接供暖,这种方法由于排气管温度很高,容易烫伤人体或物品,而且由于传热方式完全靠辐射,给人一种灼热烘烤的感觉,使人很不舒服,进入车厢的部分排气管若连接处不密封或管子有渗漏,则二氧化碳会进入车厢,危及人身安全,已被淘汰。

另一种方法是将换热器铸成带散热翅片的管子,装在发动机排气管上,内腔作排气管用,外侧加热空气并将此汇集起来,送到车内供暖,如图6-2所示。这段管子外面套有鼓风机外壳,中间通过需要加热的空气,热空气由鼓风机送入车厢。这种方式用热风代替了热辐射,车内温度比较均匀,不会烫伤人。只要排气管的材料耐腐蚀性好,连接处密封性好,一般不会有废气漏入车厢。与水暖式相比,气暖式的热量大,采暖效果较好,在严寒地带可解决部分采暖需要。但由于不管是否需要暖气,废气都要通过暖风机管道,这样废气中含有的

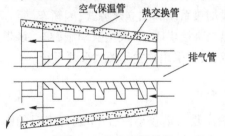

图6-2 气暖式热交换器

SO_2、H_2O 等杂质会长时间地腐蚀排气管壁,一旦烂穿,废气将混入加热空气进入车厢。因此,不到万不得已,不宜采用上述两种方法。

(三)废气水暖式加热系统

废气水暖系统很相似于燃气热水器,在总废气出口处,安装一个带翅片的热水器,即热管节能换热器,热管是一种管内处于高真空状态装有高效传热工质的金属管,如图6-3所示。700~800℃的高温废气加热流过热管中的液体(乙二醇和水的混合液体),温度达到105℃左右,管中的液体立即汽化,产生的蒸气流向放热端,通过管壁把热量传给管外。蒸气变冷凝结,重新返回加热端。

热管的导热率比良好的导热金属要高几倍甚至几千倍。若把管外的放热端与吸热端严格分开,吸热端外有发动机排气通过,放热端外让被加热空气通过,然后由风机送至车厢取暖和除霜用,这就成为热管式车内暖风机。

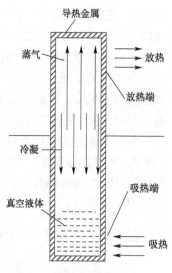

图6-3 热管换热原理

客车热管式暖风机的布置,如图6-4所示。

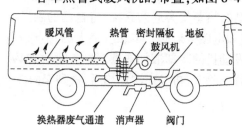

图6-4 热管式空调车

为提高气侧换热效率,可在热管外安装导热肋片。为节省有色金属,管子用无缝钢管。设置旁通侧门,便于清洗管壁上的废尘。

这种热管式暖风机产热量比水暖式大,采暖效果好;使用安全可靠,发动机废气不会漏入车厢;对发动机工作没有影响;利用余热,经济性好。由于管壁外肋片,可起到消声及吸附废尘的作用,减少排气污染。

余热供暖的优点是设备简单,使用安全,运行经济;其缺点是热量较小,受汽车运行工况的影响,发动机停止运行时,即没有暖气提供。

二、独立热源式采暖系统的结构与工作原理

独立热源式采暖系统和余热式采暖系统不同之处在于其热源由另外的内燃机在燃烧室里燃烧汽油、煤油、柴油等燃料,将产生的热量输送到车内,而燃烧的废气则排放到大气中。

独立热源加热系统分为独立热源气暖式和独立热源水暖式加热系统两种。

1. 独立热源气暖式采暖系统的组成与工作原理

这种系统由燃烧室、热交换器、空气供给系统、燃油供给系统和控制系统五部分组成。

当加热器中的电动机接通电源后开始运转,带动两个风扇、油泵、雾化器等工作,并将油通过油管送到雾化杯(或喷油嘴)。雾化杯上的油与助燃空气混合,形成可燃混合气。此混合气被预热电热塞(或高压电弧点火器)点燃,着火几秒(如3s)后,点火器断电,由已燃烧的火焰点燃不断输入的可燃混合气,使燃烧工况保持正常。燃烧气体通过通道进入热交换器

夹层,而被风机吸入的冷空气在热交换器中吸收燃气释放的大量热量,变成热空气从出风口送向车厢和其他需加热的空间。

2. 独立热源水暖式采暖系统的组成与工作原理

独立热源水暖式加热装置的工作原理与气暖式基本相同,其加热的不是空气而是水,用水泵代替了风扇。水暖式的最大优点是不仅可作为车厢采暖用,而且可预热发动机、润滑油,以利于冬季发动机起动,待发动机起动后,再将被加热的水通向车厢内的水散热器。

如果水暖式的水加热器与汽车发动机的冷却液管路相通,则在发动机冷却液温度低于80℃时,水加热器工作。当温度高于80℃时,由于恒温器的控制作用,会自动切断油泵的电源,停止供油,而加热器中的水泵继续工作,以保证水加热器零件不因过热而损坏,并继续向车厢内供应暖气。

三、大型客车的余热水暖式加热系统

在长江以南的广大地区,冬季的1月份平均气温在-2℃以上,而且寒冷的天气时间比较短,但夏季的时间长,7月份的平均温度在34℃以上,大型客车的空调均采用独立制冷系统。如果采用独立的供暖系统,不仅增加车辆成本和质量,而且运行费用增加,使用时间也不长,这些地方使用的空调客车仍然可以使用主发动机和副发动机的冷却液的余热来取暖。

从图6-5中可以看出,独立制冷系统是一个典型的热蒸气旁通阀系统,有自己的副发动机、压缩机、冷凝器、储液器、过冷器、膨胀阀、蒸发器和电磁旁通阀。本系统最大的特点是主发动机的冷却液对空调暖气进行第一次加热,而副发动机的冷却液加热器对空气再次加热,室外新鲜空气和车内空气混合后经过一次加热,再降温除湿,再经二次加热后,送到车内。

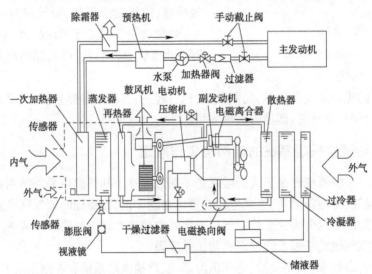

图6-5 大型客车余热水暖式独立空调系统

如果是冬天,冷气可以不用,就单靠主副发动机的冷却液来加热空气。若夏天,暖气不用,则用截止阀关掉主发动机的冷却液,而副发动机的冷却液则由电磁阀全部引向散热器。这个系统在冬天可能略感暖气不足,但基本可以保证车内温度在15℃以上。

第三节 空调制冷系统的结构及工作原理

汽车空调制冷系统就是利用一种物质由于温度的变化而导致形态变化的原理来产生制冷效应的。该种物质称为制冷剂,又称冷媒。汽车空调是利用压缩制冷装置,利用制冷剂循环流动来实现制冷的。液体制冷剂在蒸发器中低温下吸取冷却对象的热量而汽化,使被冷却对象得到降温。然后,又在高温下把热量传给周围介质冷凝成液体。如此不断循环,借助于制冷剂的状态变化,将热量由车内带到车外的,达到制冷目的。

汽车空调制冷系统普遍采用蒸气压缩式制冷方式,即利用液体汽化吸收热量来实现制冷。

一、空调制冷系统的组成及作用

汽车空调制冷系统包括压缩机、冷凝器、干燥过滤器、膨胀阀、蒸发器和连接这些部件的管路系统及电气控制系统,这些部件的组合物构成了汽车空调的制冷装置,如图6-6所示。

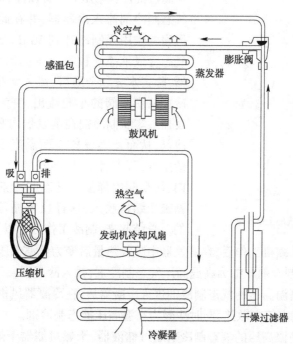

图6-6 空调制冷系统的组成

压缩机是空调制冷系统的心脏,它是使制冷剂 R134a 在系统内循环的动力源。它的作用是使 R134a 由低温低压气体压缩为高温高压气体,压缩机的动力,大部分来自于汽车发动机。

冷凝器的作用是将压缩机排出的高温高压制冷剂蒸气进行冷却,并使其凝结为液体,凝结时所放出的热量被排至大气中。

干燥过滤器实际上是一个储存制冷剂及吸收制冷剂水分、杂质的装置。一方面,它相当于汽车的油箱,为由于泄漏制冷剂多而出的空间补充制冷剂。另一方面,它又像空气滤清器那样,过滤掉制冷剂中掺杂的杂质。干燥过滤器中还装有一定的硅胶物质,起到吸收水分的作用。

膨胀阀的作用是降低进入蒸发器内的制冷剂的压力,控制进入蒸发器内的制冷剂的流量。压力降低,温度同时降低,制冷剂雾化成液态微粒,制冷剂易于吸热而蒸发膨胀。控制进入蒸发器内的制冷剂的流量可以防止因制冷剂流量过大使蒸发器温度过低而结冰,也可以防止因制冷剂流量过小使蒸发器过热而使空调系统制冷度不足。

蒸发器的作用与冷凝器正好相反,它是制冷剂由液态变成气态(即蒸发)吸收热量的场所。车内湿热空气通过蒸发器时,蒸发器内液态雾状制冷剂吸收流经蒸发器的湿热空气热量蒸发而使空气冷却,湿气凝结成露水沿导流管排出车外,冷干空气经风机作用循环于车内,最终体现了汽车空调制冷的作用。

二、空调制冷系统的工作原理

如图 6-7 所示,压缩机运转时,将蒸发器内产生的低温低压制冷剂蒸气吸入并压缩后,在高温高压(约 70℃,1471kPa)的状况下排出。这些气态制冷剂流入冷凝器,并在此受到散热器和冷却风扇的作用强制冷却到 50℃ 左右。这时,制冷剂由气态变成液态。被液化了的制冷剂,进入干燥过滤器,除去水分和杂质后,流入膨胀阀。高压的液态制冷剂从膨胀阀的小孔流出,变为低压雾状后流入蒸发器。雾状制冷剂在蒸发器内吸热汽化变成气态制冷剂,从而使蒸发器表面温度下降。从送风机进来的空气,不断流过蒸发器表面,被冷却后送进车厢内,使车厢内降温。气态制冷剂通过蒸发器后又重新被压缩机吸入,这样反复循环即可达到制冷的目的。总结起来,制冷工作分为以下四个过程:

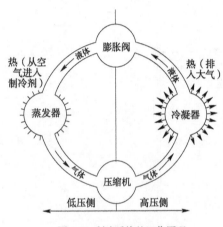

图 6-7 制冷系统的工作原理

(1)压缩过程:压缩机工作后,在蒸发器中吸收热量后变为低温低压的气态制冷剂,经压缩机吸入压缩后,将制冷剂压缩为高温高压气态制冷剂,排入冷凝器。

(2)冷凝过程:高温高压的气态制冷剂进入冷凝器后,在冷凝器风机的作用下,通过冷凝器散热器向周围环境空气中散热,同时冷凝为高温高压液态制冷剂。

(3)节流过程:高温高压的液态制冷剂通过储液器、干燥过滤器干燥过滤后经膨胀阀节流降温、降压,变成低温低压液态和气态制冷剂的混合物进入蒸发器。

(4)蒸发过程:经膨胀阀节流成为低温低压液态和气态混合物的制冷剂在蒸发器中汽化,在蒸发器风机作用下吸收车厢内空气热量而使车厢内空气降温,同时析出冷凝水。吸收热量后的制冷剂蒸发成低温低压气态制冷剂,经压缩机吸入再进行压缩,完成一次制冷循环。

压缩机不停地运转,上述制冷过程连续不断地进行循环,车厢内热量不断地被蒸发器内制冷剂带走,从而完成整车的降温除湿。

三、汽车空调制冷系统组成部件的结构与原理

(一) 空调压缩机

空调压缩机是空调系统的核心部件,是空调系统的动力源。汽车空调压缩机由发动机通过皮带轮连接驱动运转,需消耗发动机约12%的功率。汽车空调上的压缩机有很多种如曲轴活塞压缩机(并列双缸、V形双缸)、摆盘式活塞压缩机、斜盘活塞压缩机、变排量压缩机、回旋式压缩机、涡旋式压缩机等,大客车常用的空调压缩机有两个品牌:BOCK(博客)和BITZER(比泽尔)。本文主要以摆盘式活塞压缩机为例介绍其结构与工作原理。

摆盘式压缩机的最大优点是工作平稳、结构紧凑、体积小,适用于在空间狭小的车厢使用。其材料为铝合金,以减轻汽车自重。变容量摆盘式压缩机可以无级自动调节能量的输出,结构简单,相应地空调的舒适性得到提高,能耗也得到降低。其结构如图6-8、图6-9所示,各气缸均以压缩机的轴线为中心,均匀分布,连杆连接活塞和摆盘,两端采用球形万向联轴器,使摆盘的摆动和活塞移动相协调而不发生干涉。摆盘中心用钢球作支承中心,并用一对固定的锥齿轮限制摆盘只能摇动而不能转动。

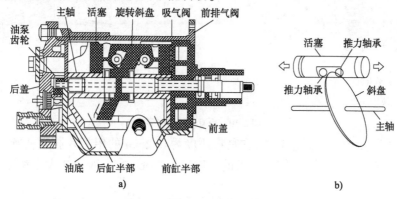

图6-8 摆盘式活塞压缩机的结构

如图6-9所示,电磁离合器接通压缩机工作时,主轴带动传动板一起旋转。由于楔形传动板的转动,迫使摆盘以钢球为中心,进行左右摇摆移动。摆盘和传动板之间的摩擦力,使摆盘具有转动的趋势,但是这种趋势被一对锥齿轮所限制,使得摆盘只能左右移动,并带动活塞在气缸内作往复运动。

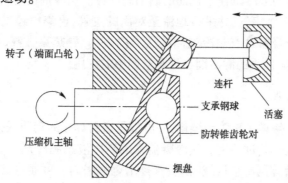

图6-9 摆盘式压缩机工作示意图

该类压缩机与曲轴连杆式一样,均有进、排气阀片,工作循环也具有压缩、排气、膨胀、吸气四个过程。当活塞向右运动时,该气缸处于膨胀、吸气两个过程,而摆盘另一端的活塞作反向的向左移动,使该气缸处于压缩、排气两个过程。主轴每转动一周,一个气缸便要完成上述的压缩、排气、膨胀、吸气的一个循环。一般一个摆盘配有五个活塞,这样相应的五个气缸在主轴转动一周时,就有五次排气过程。

(二)冷凝器

冷凝器大多布置在车头散热水箱前面,由冷却系统风扇或冷凝器风扇或两者共同其进行冷却。汽车空调系统的冷凝器(包括蒸发器)是一种由管子与铝散热片组合起来的热交换设备。冷凝器的材料可以是铜、钢、铝,现在以铝质居多。管子制成各种盘管状,散热片是为了增大冷凝器的散热面积,而且可支承盘管。

汽车空调冷凝器有管片式(管翅式)、管带式、平流式三种结构形式,如图6-10所示。

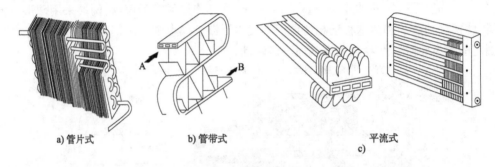

a) 管片式　　b) 管带式　　c) 平流式

图6-10 冷凝器的结构形式

管片式冷凝器的制作工艺简单,它是将厚度为0.2mm的铝翅片胀紧在圆铜管上,管的端部用U形弯头焊接起来,是较早采用的一种冷凝器形式,一般用在大中型客车的冷气装置上。

管带式冷凝器一般是将一整根扁形管,弯成蛇形状,管内用隔筋隔成若干个孔道,管外用厚度为0.2mm的铝片焊在上下两管外皮处,铝片折成皱纹状以增大散热面积。这种冷凝器结构紧凑(单管多孔)、质量轻(全部铝质)、可靠性高(不用多处弯头焊接),但其管内制冷剂流动阻力要高于管片式,普遍使用在小型汽车上。

平流式冷凝器是为R134a制冷剂而研制的冷凝器。制冷剂由输入端接头进入圆柱主管中,再分别同时流入多个扁管,并平行地流至对面的主管,再集中经过跨接管流至冷凝器输出端接头。平流式冷凝器具有制冷剂侧的压力损失小、导热系数高、制冷剂充注量少等特点,更适合具有R134a性质的制冷剂在汽车空调中的使用。

(三)干燥过滤器

干燥过滤器也被修理工称为干燥罐,一般都是密封焊死的钢质或铝质压力容器,一般不能拆装,里面放有干燥剂、过滤网。从冷凝器来的高压液态制冷剂从上部进入罐中,经过过滤干燥后,从底部(液体制冷剂区域)由引管排出至膨胀阀。可通过其上镜片观察制冷剂流动情况,如图6-11所示。

（四）膨胀节流装置

在汽车空调的制冷系统中，热力膨胀阀也是一个关键的部件，它主要起着节流降压和调节流量的作用，同时，它还有防止湿压缩和液击以及异常过热的功能。膨胀节流装置较常见的有内平衡热力膨胀阀、外平衡热力膨胀阀、H型膨胀阀、孔管式节流装置四种形式。

1. 内平衡热力膨胀阀

图6-12所示是内平衡热力膨胀阀。感温包内装惰性液体或制冷剂液体，固定在回气管路上。当冷气系统刚工作时，感温包贴在蒸发器出口端，由于制冷剂流量偏少，此处过热气体所占蒸发器出口端的通道加长，温度偏高，感温包内的气体受膨胀，向膜片施压，克服弹簧弹力和蒸发器的气压，使阀芯开度增大，从而增加了制冷剂流量，加大吸热量；当蒸发器出口处温度降低时，感温包中的制冷剂收缩，膨胀阀膜片上方的压力减小，膜片上移，阀芯开度减小，则喷入蒸发器的制冷剂减少，使制冷量减小；当压缩机停止工作，膨胀阀膜片上方的压力与蒸发器入口处压力相等，膨胀阀弹簧作用使球阀关闭，防止制冷剂倒流压缩机。

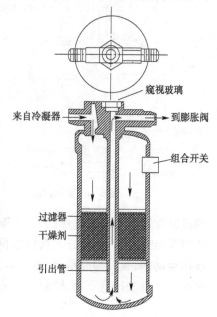

图6-11 干燥过滤器结构

2. 外平衡热力膨胀阀

图6-13所示为外平衡热力膨胀阀。外平衡热力膨胀阀的结构和部件与内平衡式相似，只是向上施于膜片的压力是由一外平衡管从蒸发器出口处引入的，这样就弥补了由蒸发器入口至出口端内部压力损失的影响，可加大阀芯调节范围和准确度，缩小过热气体所占通道空间，从而提高蒸发器的制冷量。外平衡热力膨胀阀适用于制冷量较大、蒸发器通道较长、压力损失大的制冷系统，如大中型客车、旅行轿车等；内平衡热力膨胀阀则多用于经济型轿车、货车、后装车等。膨胀阀的调节螺钉分为外调式和内调式两种。内调式的已在出厂时调整好，不应随意调整。外调式则需有经验的维修人员来调定。

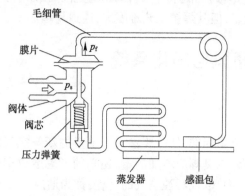

图6-12 内平衡热力膨胀阀

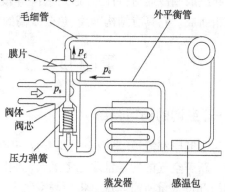

图6-13 外平衡热力膨胀阀

3. H 型膨胀阀

H 型膨胀阀因其内部构造如字母 H 而得名,如图 6-14 所示,主要由阀体、感温元件(温度传感器)、调节杆、弹簧、球阀等组成。这种膨胀阀安装在蒸发器进气管与回气管之间,使温度传感器直接置于蒸发器出口处制冷剂中,反应快捷,由于它的感温元件直接安装在阀体内,不受环境及感温包位移、接触不实(内、外平衡热力膨胀阀的缺点)的影响,因而调节灵敏度和制冷效率更高。

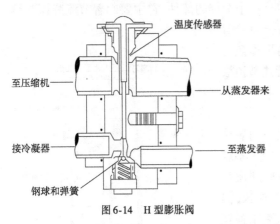

图 6-14 H 型膨胀阀

4. 孔管式节流装置

孔管式节流装置是一种阻尼元件,外观为一管形件。它用一根节流用的细铜管装在一根多孔工程塑料管内,两端均有滤网,出口端接蒸发器,入口端接冷凝器。液体制冷剂经滤网从进口进入节流管从其小孔喷出,由于体积增大压力降低,使其进入蒸发器很快汽化,图 6-15 所示为孔管式节流装置。膨胀节流管没用运动件,且结构简单,制造成本低,工作可靠性高,同时节省能耗(因为气液分离器、压缩机在纯气态制冷剂下起动容易,可节能 15%~30%),压缩机使用寿命长。

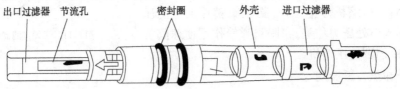

图 6-15 孔管式节流装置

(五) 蒸发器

蒸发器的结构主要由制冷剂流通管道和散热片组成,常见有管片式、管带式和层叠式(或称板翅式)三种。前两种蒸发器的结构、材料基本与冷凝器相同,只是外观不同,其表面积约为冷凝器的 50%(同一冷气系统中)。层叠式蒸发器由两片冲压成复杂形状的铝板叠在一起组成制冷通道,每两片通道之间焊接蛇形散热带,将一个个单层叠置焊接后,再焊接集流箱而成。它具有结构紧凑、热效率高的优点,但其焊接工艺难度大,通道易堵。

第四节 空调通风与净化系统

一、空调的通风系统

为了健康和舒适,车内空气要符合一定的卫生标准,便需要输入一定量的新鲜空气进入车内。新鲜空气的配送量除了考虑人们因吸烟、除臭等应增加的量,还必须考虑造成车内正压和局部排气量所需风量。将新鲜空气送进车内,取代污浊空气的过程,称为通风。

新鲜空气进入量必须大于排除和泄漏的空气量,才能保持车内压力略大于车外的压力。

保持车内空气正压目的是防止外面空气不经空调装置直接进入车内,避免发动机废气通过回风道进入车内,污染车内空气。

汽车空调的通风方法有两种,一种是迎风自然通风方法,另一种是动力强制送风方法;排气也有两种,一种是自然排气方法,另一种是动力排气方法。

为保证车内空气压力为正值,以及考虑到新鲜空气干净度,选择通风的进气口和排风口,便显得非常重要。

从图 6-16 所示汽车行驶时车厢内外空气压力分布图可以看到,进风口必须布置在汽车行驶的正压分布区内,外界空气经过过滤和进气控制阀的控制,可保证车内的空气为正压、清洁;反之排气口则应选择在负压区,以有利于排除车内污浊空气。轿车、货车的新鲜空气进口部布置在车头部位,这个位置属于正压区,而且进来的空气之较新鲜。为了避免发动机舱对空气的污染,用一条塑料管将室外新风直接引进空调器。

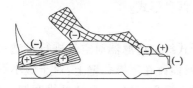
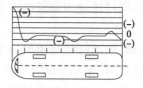
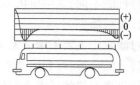

图 6-16 轿车和客车表面空气压力分布

大型客车的进风口布置则比较复杂,它是根据蒸发器和空调器安装位置来设置。整体式独立空调的进风口都应该避免设在有灰尘的地方,所以一般装一条吸气管通到车顶,用强制的动力将空气吸入。

如图 6-17 所示,大部分客车空调排风口都设在车前部驾驶室两侧上部,该处是最大负压区,有利于引导车内空气排出和流动;其次是在空调风在车内流动循环的最后部分设置排风口,空调风吹出后,经车内中间部分、座底部回流,再沿着前部两侧上升到出风口排出车外,这样充分利用了气流的能量。

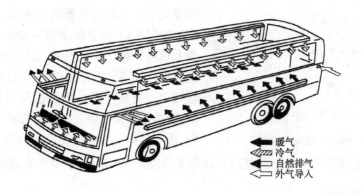

图 6-17 大客车空调风在车内的循环

进风处都装有进气阀门和内循环空气阀门,用来控制新鲜空气的流量,但当空调器刚起动时,车内温度比较高,这时应关闭外来空气口,让车内空气循环通过蒸发器,尽快降低车内的温度,然后才打开外来空气口进气阀,保持车内空气的清新度。

二、空调的净化系统

进入车内的空气由车外空气和车内循环空气两部分构成。由于车外空气受到环境的污染,如粉尘、烟尘,以及汽车尾气排出的含有 CO、CO_2、SO_2 等成分的有害气体;同时,车内循环空气受到人的活动和工作过程的污染,如人体呼出的 CO_2、身体散发出的汗味以及汽车废气通过缝隙漏入车内,这些都影响人体的健康,降低了空调的舒适性,所以汽车空调必须设净化装置。

所谓汽车空调净化处理,主要是除去空气中的悬浮尘埃。此外,在某些高级豪华汽车空调中还设有除臭和空气负离子发生装置。

客车在公路上行驶,悬浮粉尘是其最大的污染。悬浮粉尘主要由固体物质破碎形成的固体颗粒、燃烧不完全产生的固体烟尘、蒸馏形成的烟气,以及雾、花粉、细菌等组成。根据粉尘特性的不同,除尘净化可采取过滤除尘和静电除尘两种形式。

1. 过滤除尘

过滤除尘主要采用由无纺布、过滤纤维等组成的干式纤维过滤器对空气进行过滤除尘。对于较大的尘埃,可利用其惯性作用,来不及随气流转弯而碰在纤维孔壁上;对于微小颗粒,在围绕纵横交错的纤维表面作布朗运动时,和纤维接触而沉积下来,并且与纤维摩擦产生静电作用,被纤维吸附在其表面。

客车空调中,一般选用直径约为 10m 的中孔聚氨酯泡沫塑料、化纤无纺布和各种人造纤维作过滤器。

2. 静电除尘

静电除尘是利用高压电极产生高压电场,对空气进行电离,使尘粒带电,然后在电场作用下产生定向运动,沉降在正负电极上而实现对空气的过滤除尘。

静电式净化器的工作原理如图 6-18 所示,它由电离部、集尘部、活性炭吸附器三部分组成。电离部和集尘部可制成一体,也可分开,它是静电式净化器的主要组成部分。电离部在电极之间加以 5 kV 的电压,产生电晕放电,粉尘被电离带上负电并被正极板吸引,正极板就是集尘部,在集尘部外加高电压,使粉尘受库仑力作用而附在正极板上。当集尘部上积灰达到定量时,可进行清洗、除尘或更换。除去粉尘后的空气再用活性炭吸附,除去臭味及有害气体,净化后的空气被送至车

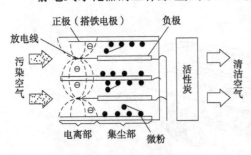

图 6-18 静电式净化器工作原理

厢内。有的净化器还设有负离子发生器,改善车厢内空气品质,以利于人体健康。

三、空调的配气

客车空调配气系统如图 6-19 所示,一般由三部分构成:第一部分为空气进口段,主要由用来控制新鲜空气和室内循环空气的风门叶片和风机组成;第二部分为空气混合段,主要由加热器和蒸发器组成,用来提供所需温度的空气;第三部分为空气分配段,使空气吹向面部、脚部和车窗玻璃上。在汽车空调系统中,这三部分的控制通过拉索或真空装置与汽车仪表

板相连接。这种控制方法简单,但参数不能预定,需人工操作,因而控温精度较差,这种人工操作的控制方式在我国汽车空调中使用较多,而国外汽车使用较少。

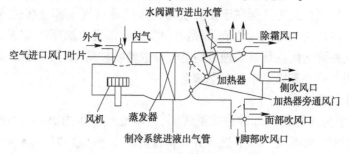

图 6-19 客车空调配气系统

空调配气系统的工作过程如下:新鲜空气+车内循环空气→进入风机→空气进入蒸发器冷却→由风门调节进入加热器的空气→进入各吹风口。

空气进口段的风门叶片主要控制新风和车室内新风的比例,当夏季室外气温较高、冬季室外气温较低的情况下,尽量开小新风门,使压缩机运行时间减少。当汽车长期运行时,车室内空气品质下降,这时应定期开大新风门,一般汽车空调新风比为15%~30%。

加热器旁通风门叶片主要用于调节通过加热器的空气量。顺时针旋转风门叶片,开大旁通风门,通过加热器空气量少,由风口吹出冷风;反之,逆时针旋转风门叶片,关小旁通风门,这时由风口吹出热风供采暖和玻璃除霜用。

客车空调配气形式很多,但目前最常用的有空气混合式和全热式两种,以及不常用的加热与冷却并进式、加热与冷却并进混合式、半空调配气方式三种。

1. 空气混合式

图 6-20a)所示为空气混合式配气流程图,其工作过程为:车外空气+车内空气→进入鼓风机→混合空气进入蒸发器冷却→由风门调节进入加热器加热→进入各吹出口。进入蒸发器后再进入加热器的空气量可用风门进行调节。若进入加热器的风量少,也就是冷风量相对较多,这时冷风由冷气吹出口吹出;反之,则吹出的热风较多,热风由除霜吹出口或热风吹出口吹出。

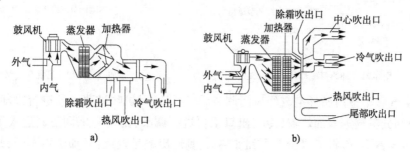

图 6-20 客车空调配气流程

空气混合式配气系统的优点是能节省部分冷量,缺点是冷暖风不能均匀混合,空气处理后的参数不能完全满足要求,被处理的空气参数精度较差。

2. 全热式

图 6-20b)所示为全热式配气流程图,其工作过程为:车外空气+车内空气→进入风机→

混合空气进入蒸发器冷却→出来后的空气全部进入加热器加热后→加热后的空气由各风门调节风量分别进入各吹风口。

全热式与空气混合式的区别在于由蒸发器出来的冷空气全部直接进入加热器,两者之间不设风门进行冷热空气的风量调节,而是将冷空气全部进入加热器再热。

全热式配气系统的优点是被处理后的空气参数精度较高,缺点是要浪费一部分冷量,这种配气方式只用在一些高级豪华客车空调上。

3. 加热与冷却并进式

图 6-21 所示为加热与冷却并进式配气图,新鲜空气和车内循环空气经风门混合后由风机 D 吹出,空气将由调风门调节进入并联的蒸发器 E 和加热器 H,蒸发器的冷风从上面吹出,对着人身上部,而热空气对着脚下和除霜处,由于风量和温度多种多样,则由风门调节空气流量的大小分别进入蒸发器和加热器,以满足不同温度、不同风量的要求;同样,在 E 或 H 不用时,送到车内的就是单纯暖气或冷气;若两者都不运行,送入车内的便是自然风。

4. 加热与冷却并进混合式

图 6-22 所示为加热与冷却并进混合式配气图,空气经风门调节可分别进入蒸发器和加热器,但经蒸发器和加热器出来的冷热空气在进入各出风口之前,中间还有混合的可能,最后由各出风口风门进行风量、风温调节。

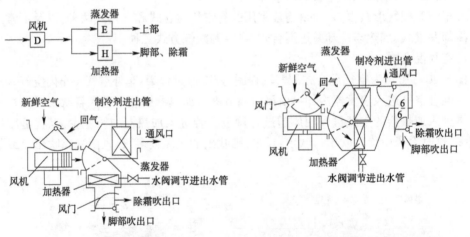

图 6-21 加热与冷却并进式配气　　　图 6-22 加热与冷却并进混合式配气

新鲜空气和车室内循环空气经风门调节后,先经过风机吹进蒸发器进行冷却,然后由风门调节,一部分空气进入加热器,冷气出口不再进行调节,由风门来调节其送入车内的空气温度。若蒸发器不开,将空气全部引到加热器,则送出的是暖风;若加热器不开,则送出来的全部是冷风;若两者都不开,则送出来的是自然风。

从目前汽车空调的配气形式来看,空气混合式使用得最多。它是先将空气经过蒸发器进行降温除湿处理后,用调节风门将一部分空气送到加热器加热,出来的热气和冷气再混合,可以调节出人们所需要的各种温度的空气,而且除霜的热风可直接从加热器引到除霜风口,直接吹向风窗玻璃。

第五节　空调控制系统

汽车空调系统中设有一系列控制元件和执行机构来保证空调系统能正常工作，以维持车内所需的舒适性条件。控制对象按参数划分有温度、压力和转速等，按部件划有压缩机离合器、蒸发器、风门以及电动机等。

一、汽车空调控制系统常用控制元件

汽车空调控制系统的常用控制元件有：温度控制组件、压力控制组件、电磁离合器、车速调节装置、真空控制组件等。

（一）温度控制组件

温度控制组件，又称恒温器、温度开关，它是汽车空调系统中温度控制部件，感受的温度有蒸发器表面温度、车内温度、大气温度等。

1. 恒温器

恒温器一般是指感受蒸发器表面温度从而控制压缩机的开与停。恒温器被放置在蒸发器内或靠近蒸发器的冷气控制板上。当蒸发器表面温度或车厢内温度低于设置温度时，恒温器断开，电磁离合器分离，压缩机停止工作；反之电磁离合器吸合，压缩机开始工作，由此而防止蒸发器表面结霜，也调节了车厢内的温度。

恒温器有波纹管式、双金属片式和热敏电阻式等三种形式。本文以波纹管式恒温器为例介绍其控制过程。

波纹管式恒温器由感温驱动机构、温度设定机构和触点三部分组成，如图6-23所示。感温驱动机构是一个封闭系统，由波纹管、毛细管和感温包组成，内部装有感温介质。感温包作为传感器放置在被测部位，温度的变化使得波纹管内压力发生变化，导致波纹管伸长或缩短，并将此位移信号通过顶端作用点传递出去。温度设定机构由凸轮、调节螺钉和调节弹簧等组成，其功能是使恒温器在一定温度范围内的任一设定温度起控制作用。温度的设定主要是通过调节凸轮改变主弹簧对波纹管内作用力的大小来决定。触点开闭机构由固定和活动触点、弹簧、杠杆等组成。通过触点的开闭，控制压缩机上电磁离合器电路的通断。

图6-23中触点处于断开位置，压缩机也处于停止状态。当蒸发器表面温度逐渐升高时，感温包内温度也随着升高，同时压力增高使波纹管伸长。波纹管与摆动框架相连，框架上装有一动触点，而恒温器壳体上有一定触点。波纹管的伸长使得触点闭合，电磁离合器电路被接通，使压缩机工作。反之，温度下降后压缩机停止工作。

2. 其他温度控制组件

汽车空调系统上的温度开关还有环境温度开关、水温开关、蒸发器表面温度开关、除霜开关等，用于检测大气温度和车厢内温度等，一般用于通过控制空气混合调节风门开度的大小调节车厢内的温度。

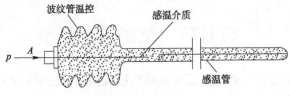

感温驱动机构的组成

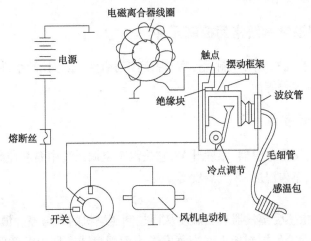

图 6-23 波纹管式恒温器

(二) 压力控制组件

压力控制组件一般可分为两类:一类是通断型,也称压力开关,如高、低压开关等,对所设定的压力执行通或断的指令;另一类是调节型,也称压力调节器,对所设定的压力执行调节过程,如在蒸发器压力控制系统中,常用压力调节装置调节蒸发器压力,以防止其表面结冰,调节装置中设有一个旁通管路,可保证少量制冷剂及冷冻润滑油的不断循环。本文主要介绍压力开关。

压力开关属于保护元件,是一种随压力变化而断开或闭合触点的元件,又称压力继电器。分为高压压力开关、低压压力开关和高、低压复合开关三种,它由压力引入装置、动力器件和触点等组成,在系统中感受着制冷剂压力的变化,当系统中压力过高或过低时压力开关起作用,防止系统在异常压力情况下工作,起到了保护作用。

1. 高压压力开关

高压压力开关装在压缩机至冷凝器之间的高压管路上,其作用是防止系统在异常的高压压力下工作。当因冷凝器散热不良、散热堵塞和风扇损坏等,导致冷凝压力出现异常上升时,开关自动切断电磁离合器的电路,使压缩机停转,或接通冷却风扇高速挡电路,自动提高风扇转速,以降低冷凝温度和压力。在汽车空调系统中,高压开关的压力控制范围为 2.82 ~ 3.10MPa 时断开,1.03 ~ 1.73MPa 时接通。

2. 低压压力开关

低压开关有两种:一种是安装在系统的高压回路中,防止压缩机在压力过低的情况下工作。因为,高压回路中压力过低,说明缺少制冷剂。缺少制冷剂将影响润滑效果,久而久之将损坏压缩机;另一种低压开关是设置在低压回路中,直接由吸气压力控制。当低压低于某一规定值时,接通高压旁通阀(电磁阀),让部分高压蒸气直接进入蒸发器,以达到除霜的目的。这种装置一般用于大、中型客车的空调制冷系统中。低压开关的工作范围一般为80~110kPa时断开;230~290kPa时接通。

3. 高、低压复合开关(三位压力开关)

高、低压力开关用于保护作用时,通常都安装在系统的高压侧,因此,为了结构紧凑,减少接口,把高、低压力开关制成一体,形成了高、低压复合开关。这样就可以作为一体安装在储液干燥器上,起到保护作用。高、低压复合开关一般安装在储液干燥器上,感受制冷剂高压回路的压力信号。它由金属膜片、弹簧及触点等组成,如图6-24所示。

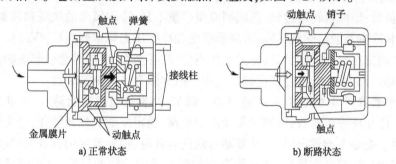

图6-24 高、低压复合开关

(三)电磁离合器

在非独立式汽车空调系统中,电磁离合器决定压缩机与发动机连接的通断,亦即压缩机的停、转,电磁离合器的吸合或释放决定了空调系统是否工作。电磁离合器是一个执行部件,受温度开关、压力开关、怠速调节装置、电源开关等元件的控制。

电磁离合器有定圈式及动圈式两种,前者电磁线圈固定在压缩机壳体上不转动,后者电磁线圈与皮带轮连在一起是转动的,目前已很少应用。两种电磁离合器的作用原理基本相同。

1. 电磁离合器的组成

如图6-25所示,电磁离合器由三大部件组成:带轮组件、衔铁组件、线圈组件。带轮由轴承支撑,可以绕主轴自由转动,其侧面平整,开有条形槽孔,表面粗糙,以便衔铁吸合后有较大的摩擦力;带槽有单槽、双槽和齿形槽等;带轮以冲压件居多,以使它的另一侧有一定空间可嵌入线圈绕组。线圈绕组是用于产生电磁场的,有固定式和转动式两种,固定式线圈被固定在压缩机壳体上,有引线引出供接电源使用。衔铁组件由驱动盘、摩擦板、复位弹簧等组成,整个组件靠花键与压缩机主轴连接。

2. 电磁离合器的工作原理

当线圈绕组中有电流通过时,产生较强的电磁场,

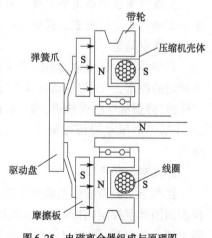

图6-25 电磁离合器组成与原理图

吸合衔铁与带轮组件紧密结合,这样,带轮的转动带动压缩机工作;当电流消失后,衔铁靠复位弹簧迅速与带轮分离,带轮仍在转动,但压缩机停止了工作。

(四)车速调节装置

在非独立式空调系统中,空调系统的工作对发动机功率输出的分配有一定影响,为达到汽车在不同运行情况下既保证车速的要求,又保证空调系统的正常工作就出现了车速调节装置。

1. 发动机怠速调节装置

发动机在怠速运转时发动机功率较小,不足以带动制冷压缩机并补偿因电力消耗给发动机增加的负荷;压缩机转速过低,造成制冷量严重不足,冷却风扇的风压和风量均不充足,使得发动机和冷凝器散热受到影响;冷凝器温度和冷凝压力异常升高后,压缩机功耗迅速增大,增加了发动机在怠速时的负荷,导致工作不稳定,甚至熄火,同时会引起电磁离合器打滑或传动带损坏。因此,在非独立式空调系统中一般都装有怠速调节装置。

怠速调节装置可分为两类:一类是被动式调节,当发动机怠速运转时,自动切断压缩机离合器电路,停止压缩机运行,以减轻发动机的负荷,稳定发动机怠速性能,这类装置称为怠速继电器;第二类是主动式调节,即在发动机怠速运转时,加大节气门,以增加发动机的输出功率,并使发动机转速稍有提高,达到带负荷的低速稳定运转的目的,这类装置称为怠速提升装置。

2. 加速断开装置

在汽车加速超车时,为了保证发动机有足够的动力,切断压缩机离合器电路,卸除压缩机的动力负荷,以尽量大的发动机功率来供汽车加速所需。常用的加速断开装置(也称超速控制器)是由超速开关及延迟继电器组成。超速开关一般装在加速踏板下,当加速踏板被踩下时,电磁离合器电路断开,压缩机停止工作,使发动机的输出功率全部用于加速,而6s后电路又自动接通,空调系统恢复工作。

(五)真空控制组件

多数汽车空调系统采用真空装置作为控制元件,控制某些风门或阀门的开、闭。这是由于一方面汽车上有现成的真空来源,更主要的是真空控制装置结构简单、经济。

1. 真空马达

真空马达由真空盒、膜片、弹簧和传动杆组成,如图6-26所示。真空盒被膜片分为两个不相通的腔室,一侧与发动机真空管相连,另一侧通过空气泄漏孔与大气相通。真空马达不工作时,弹簧处于松弛状态,传动杆伸长,如图6-26a)所示;工作时,上腔室具有一定真空度,上、下腔室的压差使得弹簧被压缩,传动杆向上移动,带动风门(阀门)动作,如图6-26b)所示。

2. 真空控制水阀

在汽车空调系统中也常常用真空膜盒直接作为阀门的控制动力,图6-27就描述了一个典型的用真空控制阀控制水加热器流量阀的工作过程。图6-27a)表示无真空时、图6-27b)表示部分真空时、图6-27c)表示完全真空时的工作情况。

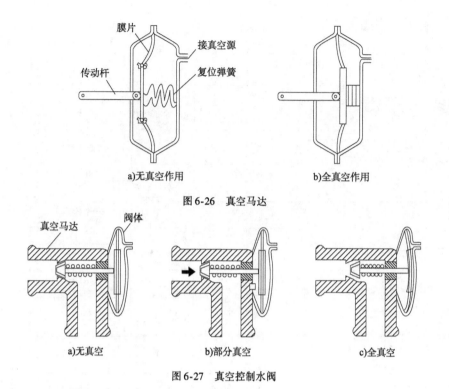

图 6-26 真空马达

图 6-27 真空控制水阀

二、客车空调电路中的典型控制回路

汽车空调种类繁多,电路形式各不相同,但其电气系统都有一定规律可循,分析电路时,只要分成鼓风机控制、冷凝器风扇控制、温度控制(压缩机控制)、通风系统控制、保护电路等即可清楚了解其电路控制原理。

图 6-28 所示是宇通客车继电器控制的单压缩机空调系统的电控原理图。

(1)当空调低速运转时:控制器 A9 端子控制继电器 K20 和 K21 吸合,其中 K20 控制 1 号、2 号、3 号蒸发风机,K21 控制 4 号、5 号、6 号蒸发风机,由于串联 2 个电阻,所以蒸发风机低速运转;当空调中速运转时:控制器 A8 端子控制继电器 K17、K18、K19 吸合,其中 K17 控制 1 号、2 号蒸发风机,K18 控制 3 号、6 号蒸发风机,K19 控制 4 号、5 号蒸发风机,由于串联 1 个电阻,所以蒸发风机中速运转;当空调高速运转时:控制器 A7 端子控制继电器 K35 吸合,K35 控制 K11、K12、K13、K14、K15、K16 吸合,由于每个继电器控制一个风机,而且没有串联电阻,所以蒸发风机高速运转。

(2)当打开空调开关时,空调控制线 A5 控制继电器 K1 吸合,电磁离合器通电,空调压缩机工作;这时怠速提升装置其作用,控制发动机提升怠速转速,同时空调控制线 A5 控制继电器 K3、K4、K5 吸合冷凝风机 1 号、2 号、3 号、4 号运转,进行鼓风作业。

(3)空调低速控制线 A9 控制 K40 吸合,空调控制电源给副发电机励磁,副发电机给空调系统供电。

(4)当需要实现内外循环时,通过新风打开控制线 B7 和新风关闭控制线 B4,控制新风电动机工作,实现新鲜空气的流动。

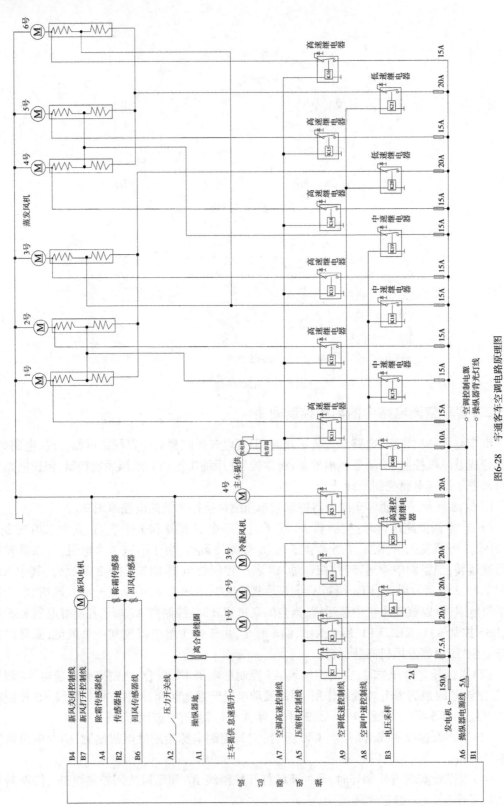

图6-28 宇通客车空调电路原理图

第七章 CAN 总线

第一节 CAN 总线基础知识

一、CAN–BUS 系统的发展概况

随着车用电气设备越来越多,从发动机控制到传动系统控制,从行驶、制动、转向系统控制到安全保证系统及仪表报警系统,从电源管理到为提高舒适性而作的各种努力,使汽车电气系统形成一个复杂的大系统,并且都集中在驾驶室控制。另外,随着近年来 ITS 的发展,以 3G(GPS、GIS 和 GSM)为代表的新型电子通信产品的出现,它对汽车的综合布线和信息的共享交互提出了更高的要求。

CAN 是控制器局域网(Controller Area Network)的简称,它是由德国的博世公司及几个半导体生产商开发出来的,CAN 总线是一种串行多主站控制器局域网总线。它具有很高的网络安全性、通信可靠性和实时性,简单实用,网络成本低。特别适用于汽车计算机控制系统和环境温度恶劣、电磁辐射强和振动大的工业环境。这种串行总线用 1 根或 2 根电线把汽车里的各个电子设备连接起来相互可以传递信息。采用 CAN 总线避免了电子模块间大量繁复的连线,比如仪表板上的车速、发动机转速、油量和发动机温度的指示就不需要连接不同的线缆到对应的传感器,而只需要介入 CAN 总线,就可以从总线上获取相应信息。

二、CAN 系统组成及工作原理

1. CAN 总线定义

CAN 是"Controller Area Network"(控制单元区域网络)的缩写,即控制器局域网,意思是各控制单元(ECU)之间通过网络交换数据。

CAN 数据总线又称为 CAN–BUS 总线,CAN 总线是一种现场总线,是一种串行通信协议。CAN 总线的设计充分考虑了汽车上恶劣工作环境,可靠性高。因此 CAN 总线在诸多现场总线中独占鳌头,成为汽车总线的代名词。

2. CAN 数据总线含义

一辆汽车不管有多少块电控单元,不管信息容量有多大,每块电控单元都只需引出两条线共同接在两个节点上,这两条导线就称作数据总线,又称 BUS 线。

3. CAN 协议含义

电子计算机网络用电子语言来说话,各电控单元必须使用和解读相同的电子语言,这种语言称"协议",汽车电脑网络常见的传输协议有数种。CAN 数据总线协议,是由福特、互联

网（Internet）与博世（Bosch）公司共同开发的高速汽车通信协议。CAN协议的一个最大特点是废除了传统的站地址编码，而代之以对通信数据块进行编码。

4. CAN总线技术优点

它具有信息共享，减少了导线数量，大大减轻配线束的质量，控制单元和控制单元插脚最小化，提高可靠性和可维修性等优点。减少车身布线，进一步节省了成本。硬件方案的软件化实现，大大地简化了设计，减小了硬件成本和设计生产成本。CAN总线与其他部件组合在一起就成为CAN数据传输系统，将其应用在汽车中的优点：

（1）用低成本的双绞线电缆代替了车身内昂贵的导线，并大幅度减少了用线数量；提高可靠性、安全性，降低成本。

（2）将传感器信号线减至最少，使更多的传感器信号进行高速数据传递。

（3）电控单元和电控单元插脚最小化应用，节省电控单元的有限空间。

（4）具有快速响应时间和高可靠性，并适合对实时性要求较高的应用，如制动装置和气囊；控制平台、信息平台、驾驶平台的互联基础。

（5）CAN芯片可以抗高温和高噪声，并且具有较低的价格。

（6）开放的工业标准。CAN数据总线符合国际标准，以便于一辆车上不同厂家的电控单元间进行数据交换。

（7）各电控单元的监测对所连接的CAN总线进行实时监测，如出现故障该电控单元会存储故障码。

（8）如果系统需要增加新的功能，仅需软件升级即可。

汽车CAN总线系统架构现代汽车典型的控制单元有电控燃油喷射系统、电控传动系统、防抱死制动系统（ABS）、防滑控制系统（ASR）、废气再循环系统、巡航系统和空调系统、车身电子控制系统（包括照明指示和车窗，刮水器等）等，如图7-1所示。

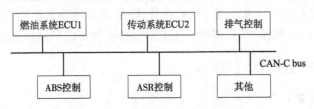

图7-1 汽车CAN总线系统架构

5. CAN总线的组成

CAN数据总线收发传递系统由一个控制器、一个收发器、两个数据传输终端以及两条数据传输线组成。除了数据传输线，其他元件都置于控制单元内部，控制单元功能不变。

1）CAN控制器

CAN控制器作用是接收控制单元中微处理器发出的数据，处理数据并传送给CAN收发器。同时CAN控制器也接收收发器收到的数据，处理数据并传送给微处理器。（电脑内部数据的接收、处理及传送）。

2）CAN收发器

是一个发送器和接收器的组合，它将CAN控制器提供的数据转化成电信号并通过数据总线发送出去，同时，它也接收总线数据，并将数据传到CAN控制器。

3) 数据传输终端

数据传输终端是一个电阻器,作用是防止数据在线端被反射(数据在传输终了被反射回来产生反射波),并以回声的形式返回。数据在线端被反射会影响数据的传输。

4) 数据传输线

用以传输数据的双向数据线,分为 CAN 高位(CAN-High)和低位(CAN-Low)数据线。数据没有指定接收器,数据通过数据总线发送给各控制单元,各控制单元接收后进行计算。为了防止外界电磁波干扰和向外辐射,CAN 总线采用两条线缠绕在一起,如图 7-2 所示。

5) 数据传输过程

如图 7-3 所示,①提供数据:控制单元向 CAN 控制器提供数据用于传输;②发送数据:CAN 收发器从 CAN 控制器处接收信号,并将其转化为二进制电信号发送出去;③接收数据:CAN

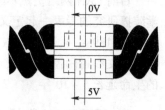

图 7-2 数据传输线

网络系统所有的控制单元的收发器都接收数据;④检验数据:控制单元对接收到的数据进行检测,看此数据是否其功能所需;⑤认可数据:如果接收到的数据是有用的,将被认可及处理,反之忽略。

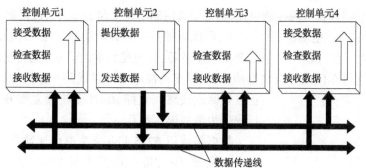

图 7-3 数据传输过程

为了防止数据传输过程中外界电磁波的干扰和向外辐射,CAN 总线将两条数据线相互缠绕在一起,这两条线的电位总相反,如果一条是 5V,另一条就是 0V,始终保持电压总和为一常数。通过这种方法 CAN 数据总线得到了保护而免受外界的电磁场干扰,同时 CAN 数据总线向外辐射也保持中性,即无辐射。

空闲时主体电压:舒适 CAN 系统,High 为 0V,Low 为 5V;动力 CAN 系统,High 为 2.5V,Low 为 2.5V。数据见表 7-1。

舒适 CAN 的信号电压域值范围　　　　　　　表 7-1

电　位	$U_{CAN-High}$	$U_{CAN-Low}$	电　位　差
显性(0)	4V(>3.6V①)	1V(<1.4V④)	3V
隐性(1)	0V(<1.4V②)	5V(>3.6V③)	5V

数据传输时主体电压:舒适 CAN 系统,High 为 0~5V,Low 为 5~0V;动力 CAN 系统,High 为 0~2.5V,Low 为 2.5~0V。

用万用表测量:High 为 0.35V;Low 为 4.65V,两者之和等于 5V。

其中属于舒适系统的控制单元有:发动机、组合仪表、自动空调、舒适电子系统、前照灯调节、多功能转向盘、收音机和导航系统、带记忆的驾驶人座椅调整、驾驶人侧车门、右前车门、左后车门和右后车门控制单元。属于动力系统的控制单元有:ABS、发动机、多功能转向盘、自动变速器和安全气囊控制单元。

在 CAN 总线中的动力系统所用 CAN 总线的颜色可分为 CAN - H 橙/黑色,CAN - L 橙/棕色。舒适系统所用 CAN 总线的颜色可分为 CAN - H 橙/绿色,CAN - L 橙/棕色。

目前 CAN 网络仍然不断在发展和完善,博世及其他一些工作人员同来自半导体工业和学院搞研究的专家一起定义"CAN 的时间—触发通信"协议(TTCAN),计划把它国际标准化为 ISO 11898—4,这个 CAN 的扩展现在正在硅片上进行,它不仅允许用 CAN 作时间等间距传送报文和封闭控制循环,也允许在 X - by - wire 中使用 CAN,这个协议的扩展将使 CAN 的生命延长 5~10 年。

三、舒适 CAN 数据传输系统

舒适系统的控制单元有发动机、组合仪表、自动空调、舒适电子系统、前照灯调节、多功能转向盘、收音机和导航系统、带记忆的驾驶人座椅调整、驾驶人侧车门、右前车门、左后车门和右后车门控制单元。

CAN 数据总线连接五块控制单元,包括中央控制单元及四个车门的控制单元;数据传递有五个功能即中央门锁、电动窗、照明开关、后视镜加热及自诊断功能。控制单元的各条传输线以星状形成汇聚一点,如果一个控制单元发生故障,其他控制单元仍可发送各自的数据。

该系统使经过车门的导线数减少,线路变得简单。如果线路中某处出现对地短路,对正极短路或线路间短路,CAN 系统会立即转为应急模式运行或转为单线模式运行。

数据总线以 62.5 kbit/s 速率传递数据,每一组数据传递大约需要 1ms,每个电控单元 20ms 发送一次数据,如图 7-4 所示。优先权顺序为中央控制单元→驾驶人侧车门控制单元→前排乘客侧车门控制单元→左后车门控制单元→右后车门控制单元。由于舒适系统中的数据可以用较低的速率传递,所以发送器性能比动力传动系统发送器的性能低。

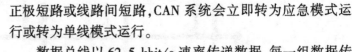

图 7-4 一个电控单元发送数据周期

第二节 客车 CAN 总线介绍

一、客车 CAN 总线基本介绍

近几年来年,随着客车电气系统的发展,应用 CAN 总线系统的车辆越来越多,CAN 总线车辆电路应用越来越多。CAN 总线是一种多主机方式的串行通信总线,由于采用了许多新技术和独特的设计思想,与同类产品相比,CAN 总线 在数据通信方面具有高速、实时、可靠和灵活的优点。通过 CAN 总线可以实现电子设备之间的数据通信和数据共享,达到对整车电气控制系统智能化管理的目标。作为一种技术先进、可靠性高、功能完善、成本合理的网络通信控制方式,CAN 总线标准已被广泛应用于车载局域网。与普通线路相比 CAN 总线各

第七章 CAN 总线

电气系统相对独立,各电气系统之间的关联要少得多,线路也要相对简单。因此,故障现象比较单一,CAN 总线电路的诊断相对容易。只要了解了 CAN 总线原理,CAN 总线各元件及其在车上的位置,就能通过故障现象,迅速准确地排除故障。CAN 总线电路线号定义与普通线路定义是不一样的,只有了解了线束中各线号的含义,才能根据电器的位置、线号、颜色、粗细来辨认线束。CAN 总线控制系统电气结构及基本原理如图 7-5 所示;CAN 总线系统的典型布置图如图 7-6 所示;CAN 总线系统的典型结构如图 7-7 所示。

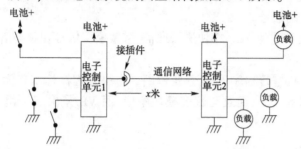

图 7-5　CAN 总线控制系统电气结构及基本原理

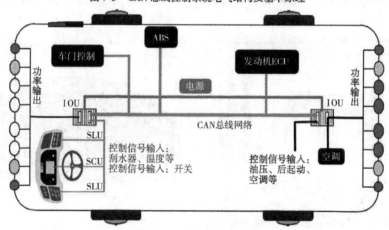

图 7-6　CAN 总线系统的典型布置图

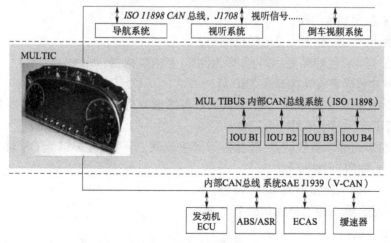

图 7-7　CAN 总线系统的典型结构

二、CAN 总线系统的典型电器元件

1. 中央处理器控制单元（SCU）

中央处理器控制单元是 CAN 总线控制系统的核心单元，内存整个系统的控制程序，可进行分析处理各种信息，发出指令，协调汽车各控制单元及电气设备的工作，如图 7-8 所示。

中央处理器控制单元的主要功能：

(1) 接收开关控制信号。

(2) 与 IOU 模块和其他 ECU 模块进行通信，采集模拟信号和脉冲信号。

(3) 可接输出负载。

(4) 与计算机连接进行程序下载，系统诊断。中央处理器控制单元可以是一个，也可以是多个，如 ACTIA 只有一个，而且与仪表模块集成，而 VD 是由多个组成，每个模块都有程序，形成一个整体。

2. 仪表控制单元

仪表控制单元是 CAN 总线控制系统的显示单元，带有液晶显示屏和各种指示信号装置，如图 7-9 所示。

图 7-8　中央处理器控制单元

图 7-9　仪表控制单元

仪表控制单元基本功能：

(1) 仪表指针为数字化步进电动机驱动。

(2) 带有 TFT 彩色液晶显示器，可作为倒车、车内监视器。

(3) 符号片和仪表背光为高亮 LED 灯。

接入仪表的有两个电源线，一个为仪表电源线通电后，背光、指示灯、显示屏点亮；一个为唤醒线，通电后，指针、信号才会工作。

仪表控制单元的液晶显示器：液晶显示器主画面，当钥匙开关打到 ON 时，系统工作正常显示的画面，如图 7-10 所示。

3. IOU——输入输出控制单元（模板）

IOU——输入输出控制单元如图 7-11 所示。

IOU 主要功能：

(1) 接收开关控制信。

(2)采集模拟信号和脉冲信号。
(3)执行中央处理器信号。
(4)不同输出功率,适合驱动各种设备。
(5)全桥、半桥或PWM输出。
(6)负载电流测量。
(7)安全模式输出。
(8)即插即用,一般有多个,可以互换。

图7-10 仪表控制单元的液晶显示器

图7-11 IOU——输入输出控制单元

VD输入输出控制单元基本上与SCU是集成的,一个模块既是处理模块,又有输入输出功能,只是具体分工不同,一般不能互换。

三、CAN总线系统的控制模块介绍

1. CAN总线前控模块

CAN总线所有模块都有WAKE-UP引脚,模块内部是连接在一起的。如图7-12所示,前控模块为WAKE-UP(J3-8)输出,其他模块为WAKE-UP的输入,连线时总线各模块的WAKE-UP都必须与前控模块连接在一起,当前控模块电源正常、钥匙2挡(ON挡)开时,前控模块正常工作,WAKE-UP输出(输出电压值约等于当前电源电压),总线其他模块收到WAKE-UP信号,模块被唤醒,在电源正常的情况下,各模块开始工作。

前控模块J3-5为LIN接口,与开关模块的LIN接口对接,作用是CAN总线与开关模块的通信线,LIN线工作电压为+12V。

前控模块控制:喇叭、干燥器、钥匙电源、刮水器、车门、报站器、除霜、缓速器的客车前部电子设备。

图7-12 总线前控模块

2. CAN总线后控模块

如图7-13所示,总线后控模块功用:

(1)采集包括车速、转速、冷却液温度、气压、油压、电压、挡位、冷却液液位、充电指示、WIF、缓速器指示、集中润滑、节气门、后舱门、发动机诊断、发动机维护、发动机等待起动、发动

机停止、燃油滤报警、空气滤报警、机油滤报警、油压报警等输入信号,并将其发布在总线上。

(2)根据在总线上接收的信息来输出包括:C3、空调怠速提升、总电源、巡航允许、巡航设置、缓速器1挡、缓速器2挡、起动保护、排气制动、空调励磁电源、油路吸合、怠速+、怠速-、诊断、缓速器3挡、缓速器4挡、预热等输出量。

3. CAN 总线中控模块

如图7-14所示,总线中控模块功用:

(1)采集包括:燃油、行车制动、驻车制动、气压1告警、气压2告警、ECAS故障、ECAS告警、ABS工作、ABS故障、ASR、中门状态、WC水位、左后制动片、右后制动片、气压1、气压2、WC水位等输入信号,并将其发布在总线上。

图7-13　总线后控模块

图7-14　总线中控模块

(2)根据在总线上接收的信息来输出包括:倒挡、侧位灯、中门踏步灯、侧左转向、中门开、车身下降、车身提升、燃油传感器电源、前门踏步灯、WC电源、行李舱灯、侧右转向、中门关、后下降、后提升、ABS电源、门电源等输出量。

4. CAN 总线顶控模块

如图7-15所示,总线顶控模块功用如下。

根据在总线上接收的信息来输出包括:后高左转向、高位制动灯、路牌灯、后换气扇、前换气扇、右阅读灯、左阅读灯、右荧光灯、左荧光灯、前电视开关、后高右转向、前门踏步灯、示廊灯、后换气扇、前换气扇、低速指示灯、中速指示灯、前电视翻开、前电视收起、前门电源、中门电源、高速指示灯、消毒灯、后电视翻开、后电视收起、后电视开关等输出量。

5. CAN 总线后灯模块

如图7-16所示,总线后灯模块功用如下。

图7-15　总线顶控模块

图7-16　总线后灯模块

根据在总线上接收的信息来输出包括:左转向灯、左侧转向灯、小灯、左倒车灯、左后雾灯、侧位灯、左制动灯、右转向灯、右侧转向灯等输出量。

6. CAN 总线胎压检测模块

如图 7-17 所示,总线胎压检测模块功用:胎压传感器对轮胎内部的温度和压力进行测量,然后利用射频技术将温度和压力值传送到胎压模块,胎压模块将信号处理后发布到总线上。

7. LIN 总线开关模块

如图 7-18 所示,总线开关模块功用:利用 LIN 总线技术,实现数字传输;体积小,节省接线,美观实用;取代老式翘板开关;开小灯时,总线开关模块上的开关及标识处红色背光灯点亮,当按下开关模块按键时,会根据功能的不同而改变颜色(多为黄色和绿色)。

图 7-17 轮胎压力检测模块

图 7-18 总线开关模块

四、唤醒线 WAKEUP

CAN 总线所有模块都有 WAKEUP 引脚,模块内部是通过唤醒线(ACTIA 叫地址线)连接在一起的,中央控制模块为 WAKEUP 输出,其他模块为 WAKEUP 的输入,连线时总线各模块 的 WAKEUP 都必须与中央控制模块串联在一起,当中央控制模 块电源正常,也就是钥匙打到 ON 挡时,中央控制模块 WAKEUP 输出(输出电压值约等于当前电源电压),总线其他模块收 到 WAKEUP 信号,被唤醒,在电源正常的情况下,各模块开始 正常工作。

五、通信线

通信线是各模块及 ECU 之间的通信,由屏蔽双绞线(至少5cm 绞一次)组成。通过低压脉冲信号(数字信号)进行通信,通信线使用线径为 0.75mm²,有总干线与分支。分支线不应长于1m,是各控制器之间进行通信的桥梁。

六、客车 CAN 总线特点

CAN 总线除有普通电路一些特点外,如单线制、负极搭铁、两个电源、用电设备并联、低压直流供电等,一般还有以下特点:

(1)都带有中央处理器和输入输出模块,仪表都带有显示屏,可以监控汽车电气系统的工作状态和故障。

(2)线束分为通信线和电源线:通信线电压为 3~5V,为屏蔽的双绞线,电源线为 24V,采用标准线型。

(3)能通过 J1939 协议与发动机 ECU、ABS 控制器、缓速器控制器、ECAS 控制器等进行通信。

(4) 可以根据 CAN 总线系统对电气系统的集成程度进行分级。应用的 CAN 总线系统主要有 VITI 和 ACTIA。VITI 分一级、二级、三级。ACTIA 叫仪表 CAN 总线。VITI 一级总线、ACTIA 仪表总线的集成度是很低的。除仪表和中央处理器外,几乎没有输入输出模块。

(5) 与普通电气系统相比,三级总线没有中央电器盒,(如果有中央电器盒则是一级总线或仪表总线)

七、客车 CAN 总线控制系统优点

客车 CAN 总线控制系统优点如图 7-19 ~ 图 7-21 所示。

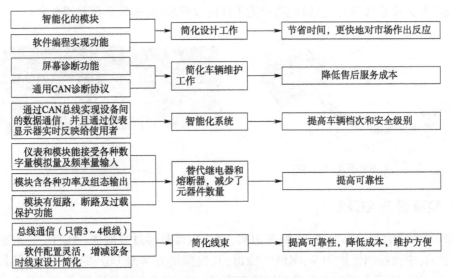

图 7-19　客车 CAN 总线控制系统优点(1)

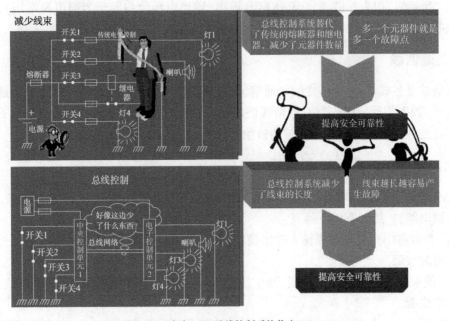

图 7-20　客车 CAN 总线控制系统优点(2)

第七章　CAN　总　线

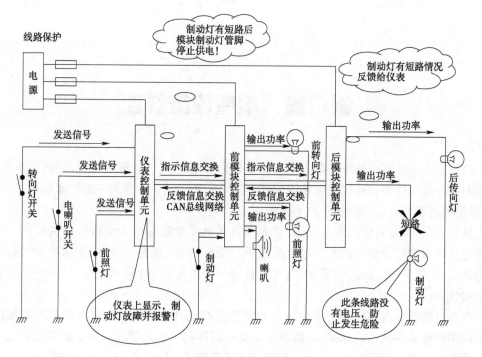

图 7-21　客车 CAN 总线控制系统优点(3)

第八章　电气设备线路

汽车电路图是利用各种图形符号和文字符号来表示汽车电路的构成、连接关系和工作原理的一种电气简图。其构成电路图的图形符号和文字符号具有统一的国家标准或国际标准,以使电路图具有通用性便于技术交流。

从根本上讲,要看懂汽车电路图,首先要熟悉汽车电器与电子设备的结构原理,了解我国规定的以及进口车型采用的汽车电路图所用图形符号(包括导线、端子和导线的连接、触点与开关、电器元件、仪表、传感器、电气设备和一些限定符号)的意义和汽车电气线路一般的结构特点。

汽车电路图是汽车维修过程中一个非常重要的工具。现代汽车电路图的种类繁多,汽车电路图没有采用统一的标准,电路图依车型不同存在一定的差别。为了提高维修效率,维修人员要先掌握该车型的维修资料,其次具有正确读懂电路的能力。通过阅读全车电路图,迅速掌握电气设备的工作原理及相互间的控制关系,才能准确、及时地排除故障,收到事半功倍的效果。

第一节　导线及线束

汽车导线是用来连接汽车上各用电设备和控制部件,传递电流和信号,以构成完整的汽车电气控制系统。由于汽车上电气设备很多,为使繁多的导线整体美观而不凌乱,接线安装方便,以及保护导线不易损坏,汽车上都将同路的导线用棉纱编织带或塑料带包扎成束,形成汽车线束。在目前,不管是高级豪华汽车还是经济型普通汽车,电线束的形式基本上是一样的,都是由导线、端子、插接器、包裹胶带、护套及附件(橡胶件、卡固件等)组成。

一、导线的结构

汽车的导线有低压线和高压线两种。高压导线在点火系统中讲述,本文主要介绍低压导线。

(一)导线的组成

导线主要由外面的塑料绝缘层和中间的导体(软铜线)组成,结构如图8-1所示。

导体一般使用电导率高(电阻低)的铜线,主要是为了提高导线传输效率。尽管与铁相比,铜的发热量较小,但当电流通过时导线时也会发热,特别是大电流通过时。由于汽车上的电源电压较低,所以,同样功率的用电设备在汽车上和平时家用电器相比,汽车上导线通过的电流要大很多。

塑料绝缘层内添加了阻燃剂,为了防止由于发热而引起电线燃烧,阻燃剂是可塑性材料,起着软化绝缘体的作用。但在高温情况下,阻燃剂将被释放而导致绝缘体硬化,随着汽车行驶时的振动而出现裂痕,导线露出。若在这样的情况下继续行驶,很可能会成为电气短路的原因之一。

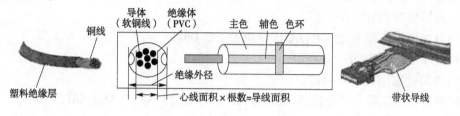

图 8-1 导线的结构

(二)导线的标准

汽车用导线根据导线标准分为我国标准和国际常用标准。

1. 我国标准导线

我国标准导线有《公路车辆用低压电缆(电线)》(JB/T 8139—1999)和《汽车用薄壁绝缘低压电线》(QC/T 414—2016)。标准 JB/T 8139—1999 中规定了 4 种导线代号,见表 8-1。标准 QC/T 414—2016 规定了 2 种系列导线代号,见表 8-2。

JB/T 8139—1999 中规定的 4 种导线代号　　　表 8-1

导线代号	导线名称
QVR	公路车辆用铜芯聚氯乙烯绝缘低压电线
QFR	公路车辆用铜芯聚氯乙烯–丁腈复合物绝缘低压电线
QVR–105	公路车辆用铜芯耐热105℃聚氯乙烯绝缘低压电线
QVVR	公路车辆用铜芯聚氯乙烯绝缘聚氯乙烯护套低压电线

QC/T 414—2016 规的 2 种系列导线代号　　　表 8-2

导线代号	导线名称	导线代号	导线名称
QB	汽车用薄壁绝缘低压电线	QCB	汽车用超薄壁绝缘低压电线

QVR、QFR、QVR–105 和 QVVR 导线绝缘皮厚,比较柔软,延展性好,绝缘厚度为 0.6mm,导线导体由裸铜线或镀锡铜线绞合而成,QVR、QFR、QVVR 导线耐热70℃,QVR–105 导线耐热105℃;QB、QCB 导线绝缘皮薄,柔韧性较好,例如标称截面积为 0.5mm^2 的导线,QB 导线的绝缘厚度为 0.28 mm,QCB 导线的绝缘厚度为 0.2mm,QB、QCB 导线导体由裸铜线或镀层(Sn、Ni、Ag)铜线绞合而成,电线标称截面积小于 0.5mm^2 时,导体可以由合金铜组成,QB、QCB 导线温度特性分为 A、B、C、D、E、F、G、H 8 个等级,具体见表8-3。

QB、QCB 导线的 8 个温度特性等级　　　表 8-3

等级	耐热温度(℃)	等级	耐热温度(℃)
A	85	E	175
B	100	F	200
C	125	G	225
D	150	H	250

2. 国际常用标准

目前国际上较常用的导线标准如下：

(1) 德国工业标准：DIN 72550、DIN 72551、DIN 76772。

(2) 国际标准化组织：ISO 6722。

(3) 日本汽车工程学会标准：JASO D608、JASO D611。

(4) 日本工业标准：JIS C3406。

(5) 法国标准：NF R13-415。

(6) 美国汽车工程师学会标准：SAE J1127、SAE J1128、SAE J1560、SAE J 1673。

(7) 大众公司标准：VW60306。

符合日本汽车工程学会标准的日标导线有：JIS C3406—1993《汽车用低压电缆》、JASO D608/1992《汽车用耐热低压电缆》和 JASO D611/1994《汽车用薄壁绝缘低压电缆》。JASO D611/1994 中规定了 3 个种类的薄壁导线，见表 8-4。

JASO D611/1994 中规定的 3 个种类的薄壁导线　　　　表 8-4

产品种类	产品代号	绝缘厚度分级（mm）
1 型薄壁绝缘电缆	AVS	0.50～0.70
2 型薄壁绝缘电缆	AVSS、CAVS 或 CAV*	0.30～0.40
3 型薄壁绝缘电缆	CAVUS*	0.20

注：* 代号 CAVS、CAV 和 CAVUS 表示圆形压紧导体结构。

德国标准导线绝缘皮更薄，柔韧性好；美国标准导线绝缘皮一般为热塑性或热固性弹性体，还有经过辐照工艺加工的。

（三）导线的线径

线径是指导线的标称截面，实际是指导体（铜线）的截面积，而不是整根导线的粗细。另外，根据各国的标准，尺寸规格也不同，见表 8-5。

VW 与 JASO 导线的线径规格　　　　表 8-5

线径（mm^2）	0.3	0.5	0.75	0.85	1.0	1.25	1.5	2.0	2.5	3.0	4.0	5.0	6.0	8.0	10.0
VW	×	○	○	×	○	×	○	×	○	×	○	×	○	○	○
JASO	○	○	○	×	○	×	×	○	○	×	×	×	×	○	○

注：○——有；×——无。

导线的截面大小主要根据用电设备的工作电流进行选择，但是对功率很小的电器，仅从工作电流的大小来选择导线，其截面将太小，机械强度差，易于折断，因此，汽车电气系统中所用的导线截面至少不得小于 0.5mm^2。

（四）导线的颜色

为了便于安装、维修，低压导线绝缘层外表面常用不同的颜色加以区分。导线颜色及种类见表 8-6、表 8-7。

第八章 电气设备线路

汽车用低压导线的颜色与代号　　　　　表 8-6

线 色	常用缩写	中 文	线 色	常用缩写	中 文
Black	BLK/B	黑色	Light Green	LT GRN	浅绿
Blue	BLU/BL	蓝色	Orange	ORG/O	橙色
Brown	BRN/BR	棕色	Pink	PNK/P	粉红
Clear	CLR/CL	透明	Purple	PPL/PP	紫色
Dark Blue	DK BLU	深蓝	Red	RED/R	红色
Dark Green	DK GRN	深绿	Tan	TAN/T	褐色
Green	GRN/G	绿色	Violet	VIO/V	粉紫
Gray	GRY/GR	灰色	White	WHT/W	白色
Light Blue	LT BLU	浅蓝	Yellow	YEL/Y	黄色

导线颜色种类　　　　　表 8-7

颜色	标 记											
	B	W	R	G	Y	L	O	P	Br	Gr	Lg	Sb	Vi
B	○	○	○	△	○	○	○	△	△	△	△	△	△
W	○	○	○	△	△	○	△	△	△	△	△	△	○
R	○	○	○	○	○	○	△	△	△	△	△	△	○
G	△	△	○	○	○	△	△	△	△	△	△	△	○
Y	○	△	○	○	○	○	△	△	△	△	△	△	○
L	○	○	○	△	○	○	○	△	△	△	△	△	△
O	△	△	△	△	△	○	○	△	△	△	△	△	△
P	○	△	△	△	○	○	△	○	△	△	△	△	△
Br	○	○	△	△	△	△	△	△	○	△	△	△	△
Gr	○	△	△	△	△	△	△	△	△	○	△	△	△
Lg	○	△	△	△	△	△	△	△	△	△	○	△	△
Sb	△	△	△	△	△	△	△	△	△	△	△	○	△
Vi	△	○	○	○	○	○	△	△	△	△	△	△	○

注：○——有；×——无；△——容易出错，需谨慎使用。在线束设计时可按照主机厂标准，结合此表来确定导线颜色。

线色是导线的最直观要素之一，可以分为以下单色导线和双色导线。单色导线是指绝缘表面为一种颜色的导线；双色导线是指绝缘表面为两种颜色的导线，导线中面积比例大的颜色称为主色，双色导线中面积比例小的颜色称为辅助色。

导线颜色的标注采用颜色代号表示，如单色导线，颜色为红色，标注为"R"；双色导线，第一色为主色，第二色为辅助色，主色为红色，辅助色为白色，标注为"RW"。

导线的截面积标注在颜色代码前面，单位为毫米时不标注，如：1.25R 表示导线截面积为 1.25mm² 的红色导线；1.0G/Y 表示导线截面积为 1.0mm² 的双色导线，主色为绿色，辅助色为黄色。

选用电线颜色时,应优先选用单色,再选用双色。一般截面积在 4mm² 以上的采用单一颜色,4mm² 以下的采用双色。

(五)导线的选用

汽车用低压导线的结构与规格见表 8-8。其允许载流量见表 8-9。汽车主要电路导线截面的推荐值见表 8-10。汽车电系各系统的主色见表 8-11。

低压导线的结构和规格　　　　　　　　　　　　　　表 8-8

标称截面 （mm²）	线芯结构		绝缘层标度 （mm）	导线直径 （mm）
	根数	单根直径(mm)		
0.5			0.6	2.2
0.6			0.6	2.3
0.8	7	0.39	0.6	2.5
1.0	7	0.43	0.6	2.6
1.5	17	0.52	0.6	2.9
2.5	19	0.41	0.8	3.8
4	19	0.52	0.8	4.4
6	19	0.64	0.9	5.2
8	19	0.74	0.9	5.7
10	49	0.52	1.0	6.9
16	49	0.64	1.0	8.0
25	98	0.58	1.2	10.3
35	133	0.58	1.2	11.3
50	133	0.68	1.4	13.3

低压导线允许载流量　　　　　　　　　　　　　　表 8-9

导线标称截面(mm²)	0.5	0.8	1.0	1.5	2.5	3.0	4.0	6.0	10	13
允许载流量(A)			11	14	20	22	25	35	50	60

汽车主要电路导线截面推荐值　　　　　　　　　　表 8-10

电路名称	标称截面(mm²)
尾灯、指示灯、仪表灯、牌照灯、刮水器电动机、电钟	0.5
转向灯、制动灯、停车灯、分电器	0.8
前照灯的近光、电喇叭(3A 以下)	1.0
前照灯的近光、电喇叭(3A 以上)	1.5
其他 5A 以上的电路	1.5~4
电热塞	4~6
电源线	4~25
起动电路	16~95

汽车电气系统的主色　　　　　表 8-11

序号	系统名称	主色	颜色代号
1	电源系统	红	R
2	点火、起动系统	白	W
3	雾灯	蓝	Bl
4	灯光、信号系统	绿	G
5	防空灯及车身内部照明系统	黄	Y
6	仪表、报警系统、喇叭系统	棕	Br
7	收音机、电钟、点烟器等辅助系统	紫	V
8	各种辅助电动机及电气操纵系统	灰	Gr
9	搭铁线	黑	B

起动电缆用来连接蓄电池与起动机开关的主接线柱，截面有 25、35、50、70mm² 等多种规格，允许电流达 500~1000A。为了保证起动机正常工作，并发出足够的功率，要求在线路上每 100A 的电流电压降不得超过 0.15V。

蓄电池的搭铁电缆是由铜丝编织而成的扁形软铜线，国产汽车常用的搭铁线长度有 300、450、600、760mm 四种。

(六) 客车用屏蔽导线及绞线

现代汽车正向高性能、舒适型发展，汽车正逐渐从一个开关控制一个动作的机能，转化为能自动感知驾驶环境的变化、选择最适合驾驶的状态的电子式装置。要进行这样复杂的控制，需要能在瞬间将很多信息无误地进行计算的精密电子仪器。另外，要求传感器能通过微弱的电流的变化来感应驾驶环境的信息，在电流发生变化时，"开/关"能迅速切换（数字信号）。在这种情况下，如将大电流的导线与高压导线（点火系统、电镀）配置在一起，高电压将损坏精密电子仪器中的半导体部件，受到这根导线影响的传感器，回路将流过与"开/关"信号一样的电流而导致动作失误。因此，为了避免大电流、高电压外部的影响，在重要的数字回路导线上使用了屏蔽线及绞线。

1. 屏蔽电线

屏蔽是避免电磁干扰的一个有效措施。电磁干扰主要以电磁波的方式传播造成干扰。电磁波在传播过程中，若遇到金属材料不仅不会穿过，而且会被迫改变方向沿着金属材料行进。若将金属材料包敷在所要屏蔽的设备或导线外面进行屏蔽，并通过搭铁线与大地相连接，可能造成干扰的电磁波将通过搭铁线流向大地，被屏蔽的设备或导线中的信号就能够正常传送，从而避免了电磁干扰，这就是信号屏蔽线的原理。

把能从导线外部将电磁波反射的屏蔽金属的导线称为屏蔽导线，其结构如图 8-2 所示。表 8-12 为屏蔽导线的种类与特征。

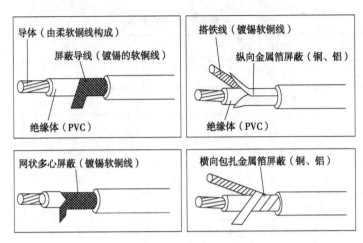

图 8-2 屏蔽导线结构

屏蔽导线的种类与特征 表 8-12

名称	屏蔽材料	特征
横向包扎屏蔽线	镀锡软铜线或软铜线	在频率为 10MHz 的范围内,与网状多心屏蔽线相比,性能较低,但外径细,加工性优越
网状屏蔽线	镀锡软铜线或软铜线	高、低频率其屏蔽性同样优越
金属箔(铜)屏蔽线	铜箔	屏蔽功能与网状屏蔽线一样,但由于处理简单,所以加工性优越
金属箔(铝)屏蔽线	铝箔	屏蔽功能最低,但具有加工性好、质量轻的特征

2. 双绞线

双绞线是由 2 根相互绝缘的铜导线按照一定的规则互相缠绕在一起而成的网络传输介质。其原理是:如果外界电磁信号在 2 条导线上产生的干扰大小相等而相位相反,那么这个干扰信号就会相互抵消。如图 8-3 所示,它是有效防止电磁波干扰的方法。主要用于扬声器,有时也代替屏蔽导线用于 ECU 回路。如图 8-4 所示,电源线所产生的电磁波可以根据每个环的反转而抵消。

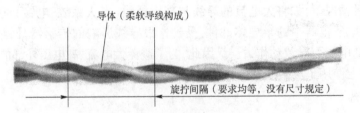

图 8-3 绞线结构

图 8-5 所示是在电磁波电流的诱导下,绞线所产生的电流方向。如果流过电磁波电流的电源线与信号线平行,那么不论哪根线都会产生同样方向的诱导电流。但是,如果流过电磁波电流的电源线使用与信号线旋拧间距一样的绞线,就与信号线所产生的诱导电流是相反方向的。

对于某些弱的信号或者易受干扰的信号,就需要选择双绞线或者屏蔽导线。这 2 种导线都可以有效地避免信号的干扰,保证信号传输的及时准确。双绞线和屏蔽线的用途基本相同。一般车上的 CAN 线、弱信号的线都会用到双绞线。

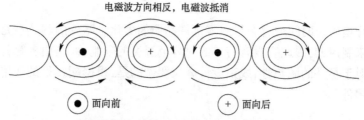

图 8-4 绞线的抵消效果

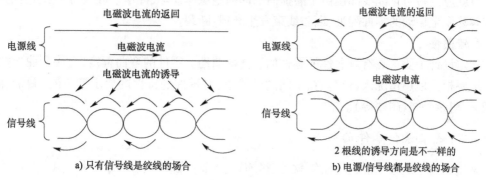

图 8-5 诱导电流方向

二、汽车线束

汽车线束是汽车电路的网络主体。整车主线束一般分成发动机(点火、电喷、发电、起动)、仪表、照明、空调、辅助电器等部分,有主线束及分支线束。一条整车主线束有多条分支线束,就好像树干与树枝一样。整车主线束往往以仪表板为核心部分,前后延伸。由于长度关系或装配方便等原因,一些汽车的线束分成车头线束(包括仪表、发动机、前灯光总成、空调、蓄电池)、车尾线束(尾灯总成、牌照灯、行李舱灯)、车顶线束(车门、顶灯、音响喇叭)等。线束上各端头都会打上标志数字和字母,以标明导线的连接对象。操作者看到标志能正确连接到对应的导线和电气装置上,这在修理或更换线束时特别有用。同时,导线的颜色分为单色线、双色线和三色线,颜色的用途也有规定,一般是车厂自订的标准。我国行业标准只是规定主色,例如规定单黑色专用于搭铁线,红单色用于电源线,白色用于点火系统及起动系统等,不可混淆。

汽车线束的使用环境与家用电器的配线有着很大的区别,汽车线束更严格、更复杂。需考虑下列因素对客车线束的影响:锐利的零件露出,在特别不平路面行驶时的激烈振动与连续驾驶的振动,雨水、灰尘、油污浸蚀,发动机舱内温度或夏天的室内温度等。线束在设计时需要很多保护用零件。

(一)线束零件要求的特性

1. 阻燃性

阻燃性是零件在着火后将燃烧时间(速度)、范围控制在一定范围内的规定。要满足这一特性,需对限制燃烧的材料的配制量进行调整(多数使用的是卤素)。

2. 耐热性

在高温的环境中长时间放置会导致零部件品质的劣化。零件的耐热性是根据零件所使用的主要材料来制定的,因此它没有特定的对环境温度的限制,而是由各零件所使用的材料来作限定的。对于零件的耐热性,线束设计者所要做的是,根据配线处的环境温度来选择满足要求特性的零件。

3. 耐磨性

零件的耐磨性是指限制零件的脆弱性与厚度,这里主要指的是导线绝缘体的特性。导线本身就应具备防止配线部位由于磨损而引起的绝缘体损坏、漏电。在设计时,不能把线配置在容易发生振动的零件附近,以防线束发生磨损、断裂。

4. 弯曲性

规定设计中要求具有弯曲性的零件的反复弯曲性。零件的弯曲程度、允许弯曲次数、环境温度要根据使用情况来设定。在不同的环境下,对零件的特性的要求皆不同(耐油、耐化学药品、耐紫外线、耐寒等)。

(二)线束保护零件的种类

常用的有绝缘管、波纹管、编织软管、热缩管、水管、橡胶套、胶带、海绵、保护罩、防水栓、防水塞以及其他一些塑壳配件、支架等。

1. 胶套

胶套没有固定的形状,它是根据各类客车的需要所设定的,胶套最重要的作用是体现它在防止浸水方面。因为浸水会引起金属的腐蚀、电气短路,因此对于胶套的要求特别严格。

2. 外装胶布

外装胶布是将各分散的导线集中起来结成一束的物品。使用胶布的目的是,缓和线束与车身由于客车的振动而发出的声音,在包扎的时候要注意线束的柔软性和整体外观。胶布的种类由材料、颜色、尺寸(厚度/宽度)来区分,包扎方法根据线束的场所来决定。有 PVC 胶布、布织胶布、绒胶布和 VC 编织胶布等。

3. 胶管

胶管是防止导线对车体各部位造成干涉的保护用零件,也起美观作用。干涉分为热干涉、金属边缘接触、振动,胶管的使用是根据所受干涉的强弱来选择的,有普通胶管(105℃)、耐温胶管(150~210℃)、波纹管(105℃以上)。

4. 保护罩

保护罩是防止导线对车体各部位造成干涉的保护用零件。因为保护罩是树脂制成的,价格相当高,所以一般只用在上述的胶管无法进行保护、形状相当复杂的部位、为了组装时提高线束的尺寸精度的场合。

(三)汽车线束的固定与安装

1. 汽车线束的固定

将线束固定,保持一定形状,是指用扣钩将线束固定在车上的指定部位,其插头恰好在各电气设备的接线柱附近,安装时按线号装在与其对应的接线柱上,便完成了线路的连接工作。扣钩是通过模具塑料成型而制成的构造坚固的零件,是将线束固定于车身各部位的零件,也起着将线束快速、美观地安装在汽车各部位的作用,如图8-6所示。锚形扣钩如图8-7所示。

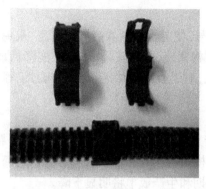

图8-6 扣钩

图8-7 锚形扣钩

锚形扣钩特点:
(1)缓冲车身与线束的振动。
(2)给车身固定部施加的力可以防止一端脱落。
(3)装有海绵,防止浸水。

2. 线束安装的注意事项

(1)线束应用扣钩固定,以免松动磨坏。
(2)线束不可拉得过紧,尤其在拐弯处更要注意,在绕过锐角或穿过金属孔时,应用橡皮或套管保护,否则容易磨坏线束而发生短路、搭铁,并有烧毁全车线束,酿成火灾的危险。
(3)连接电器时,应根据插接器的规格以及导线的颜色或接头处套管的颜色,分别接于电器上,若不易辨别导线的头尾时,一般可用试灯区分,最好不用刮火法。
(4)发动机舱内配线在安装时为了防水,要在塑壳部进行防水处理及充填润滑油,在高温部位使用耐热导线/耐热套管。另外,在发生振动。回转的零部件附近使用保护胶管;为了在制动及燃油的配管等狭窄的地方配线,因而使用很多扣钩。
(5)仪表线束要连接很多的功能开关以及收放机、时钟、显示仪表等,若同时组装将相当费时间,所以要将其分割,在副连接上组装。因为安装空间很小且相当复杂,所以需要使用小型的塑壳、扣钩、隔声材料等。
(6)线束安装时各个线头必须固定牢固,以防线头之间接触不良或在行驶中脱落。这时常利用护线器件保持导线(线束)来合理走向和牢固定位,防止线束受损。

(四)汽车导线束的发展方向

随着IT技术的发展而出现的概念车,提出了汽车网络化、模块化的发展方向,网络集群已经呼之欲出,使线束的制造技术又将出现第二次飞跃。导线束的功能由普通信号传递扩大到数据传递。

此外,受导线传输信号的局限性,将大量使用光缆,使汽车线束的制造技术迎来第三次飞跃。光缆具有传输速度快、容量大、体积小、保密性强、抗干扰好等优势,是未来汽车数据处理和交换的重要优选材料,使动力和信号分配系统进入一个新的发展历史阶段。

线束技术目前主要发展趋势有以下几种。

1. 多路传输技术

该技术是指在一个公共的介质上传输多重信号,使电子控制器能分享信息,避免了单个接线。该项新技术的应用,使线束的接线简化、结构紧凑,既可减轻质量,又能降低成本,由于信息是被广泛地共享,而不是简单的复制,因此,对于故障的诊断,更加准确,工程更改更加快捷,缺陷的维修更加方便。

2. 多站连接技术

该技术是指能连接多个智能装置的内部连接系统,它不仅能共享电池能源,可靠搭铁,更主要的是它能共享数据。该项技术大大减少了模块的输入和输出、计数的数量,简化模块和线束的总成;由于减少了大量的对接点,生产周期和生产成本将明显下降。

3. 电子、电气合一技术

该技术是指现代汽车将有一个电子、电气合一的中央电器盒 BEC(Bussed Electrical Center),在电气功能上,它相当于一个小型变电站,根据需要将电池能量合理地分配到各个回路;在电子功能上,它就像一个小型的数据处理中心,处理和发送各种信号。

第二节　开关、电路保护器、继电器及连接器

一、汽车开关

汽车开关主要起着接通或切断电气设备工作电路的控制作用。汽车开关按操纵方式分类,有可旋转式、推拉式、压力式、顶杆式、翘板式及组合式等。

1. 旋转式开关

常见旋转式汽车电器开关主要有鼓风机、大客车电源总开关(图8-8)和点火开关等。

2. 推拉式开关

推拉式开关,主要由中心拉杆、绝缘滑块、接触片、接线柱和壳体组成。按钮上标有开关用途的图形符号。操作时,拉动按钮,移动滑块,使动触点与定触点位置按规定排列组合移动、变换外接线路,达到控制目的。按拉钮的控制挡位常分单挡式、两挡式、三挡式三种。大型客车副起动开关及照明开关如图8-9所示。

3. 压力式开关

压力式开关按作用力来源分液压控制式、气压控制式及脚踏式三种。汽车空调压力开关如图8-10所示。

4. 翘板式开关

翘板开关主要用于控制仪表灯、顶灯、停车

图8-8　电源总开关

灯、危险信号、雾灯等,如图 8-11 所示。

图 8-9　大型客车副起动开关及照明开关　　图 8-10　汽车空调压力开关

5. 扳柄式开关

扳柄式开关如图 8-12 所示,常用作电源总开关、转向灯开关及两路转换开关。

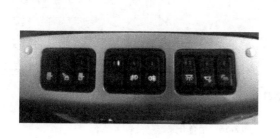

图 8-11　翘板开关　　　　　　　图 8-12　扳柄式开关

6. 顶杆式开关

主要用作:门灯开关,如图 8-13 所示;制动灯开关,如图 8-14 所示;倒车灯开关,如图 8-15 所示。开关由中心顶杆(或顶球)通过机械作用移动触点,变换电路。

图 8-13　门灯开关　　　图 8-14　制动灯开关　　　图 8-15　倒车灯开关

7. 组合开关

组合开关将灯光开关、转向灯开关、危险报警灯开关、刮水/清洗器开关等组合为一体。它是一个多功能开关,安装在便于驾驶人操纵的转向柱管上,如图 8-16 所示。

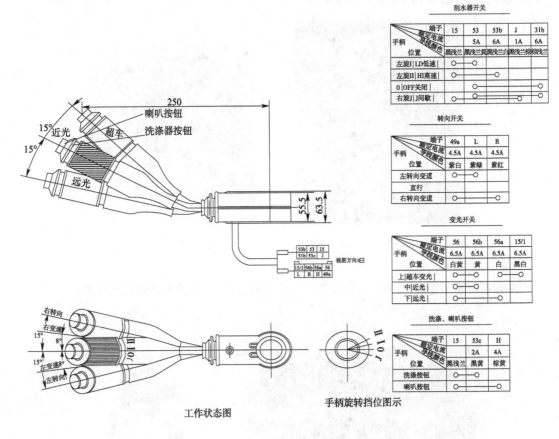

图 8-16 组合开关

二、电路保护器

电路保护器用于电路或电气设备发生短路及过载时,自动切断电路,以防线束或电气设备烧坏。汽车上常用的电路保护器有熔断器、易熔线及电路断路保护器。

1. 熔断器

熔断器常用于保护局部电路,其限额电流值较小。熔断器的主要元件是熔断丝(片),其材料是锌、锡、铅、铜等金属的合金。现代客车常设有多个熔断器。常见熔断器按外形可分为熔片式、熔管式、绝缘式、缠丝式、插片式等,如图 8-17 所示。

熔断器的安装位置一般在客车车身的左前位置,图 8-18 所示为宇通客车熔断器的安装位置。

2. 易熔线

易熔线是一种截面积小于被保护导线截面的、可长时间通过额定电流的铜芯低压导线或合金导线。易熔线的特点是当线路通过极大的过载电流时,易熔线能在一定的时间内(一般≤5s)熔断,从而切断电源,防止产生恶性事故。易熔线也是由导体和绝缘层构成,绝缘层一般为氯磺化聚乙烯材料,因为绝缘层较厚,所以看起来比同规格的导线粗。

第八章 电气设备线路

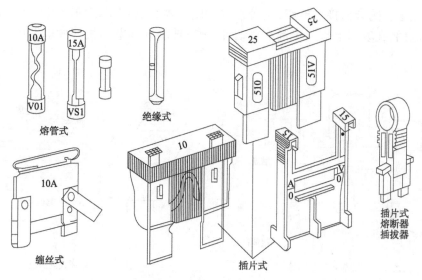

图 8-17 常见熔断器外形

易熔线常用于保护总电路或大电流电路。易熔线一般接在蓄电池直接引出的电路中，即蓄电池正极端附近，如图 8-19 所示。

图 8-18 宇通客车熔断器的安装位置

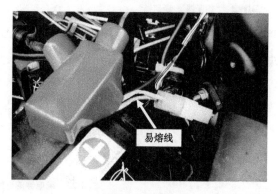

图 8-19 易熔线

易熔线的常用的公称截面有 0.3、0.5、0.75、1.0、1.5mm^2，甚至还有 8mm^2 等更大截面的易熔线。易熔线的导线线段长度分为 (50 ± 5)mm、(100 ± 10)mm、(150 ± 15)mm 等三种。易熔线不能绑扎于线束内，也不得被其他物品所包裹。易熔线应有明显的标志，当其熔断后，其标志仍应存在以便于更换。

3. 电路断路保护器

电路断路保护器简称断路器，常用于保护电动机等较大容量电气设备。电路断路保护器的基本组成是一对受热敏双金属片控制的触点。当电动机卡死造成电流过大或发生短路故障时，超过额定值数倍的电流使双金属片受热变形，触点断开，自动切断电路以保护电气设备或线路。与易熔线和熔断器相比，其特点是可重复使用。

断路器按其作用后的恢复形式不同，可分为非循环式与循环式两种。非循环式是电路中发生故障时断开，排除故障后，需通过按压将双金属片复位，如图 8-20 所示。循环式（自动恢复式）断路器在电路发生过载或短路故障后自动切断电路，但当断路后，双金属片冷却会使触点重新闭合而接通电路,这种形式的断路器目前在早期国产载货汽车前照灯线路中有所应用,在客车上常用于刮水电动机、车窗玻璃升降电动机等的电路中,如图8-21所示。

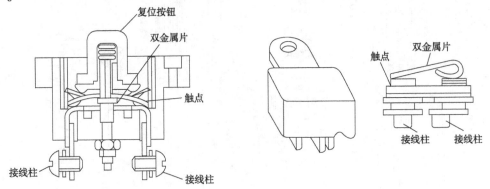

图8-20　非循环式断路器　　　　图8-21　循环式断路器

易熔线、熔断器及电路断路保护器的图形符号如图8-22所示。

三、继电器

图8-22　电路保护器件图形符号

1. 结构

汽车用继电器一般为电磁式继电器,通常由铁芯、线圈、衔铁、触点簧片等组成,如图8-23所示。

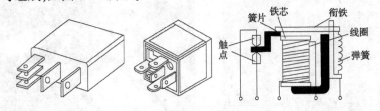

图8-23　继电器的外形与结构示意图

2. 工作原理

以开闭混合型为例说明继电器的工作原理。只要在线圈两端加上一定的电压,线圈中就会流过一定的电流,从而产生电磁效应,衔铁就会在电磁力吸引的作用下克服复位弹簧的拉力吸向铁芯,从而带动衔铁的动触点与静触点(动合触点)吸合。当线圈通电后,电磁的吸力也随之消失,衔铁就会在弹簧的拉力下返回原来的位置,使动触点与原来的静触点(动断触点)吸合。这样吸合、释放,从而达到了在电路中的导通、切断的目的。对于继电器的"动合、动断"触点,可以这样来区分:继电器线圈未通电时处于断开状态的静触点,称为"动合"触点;处于接通状态的静触点称为"动断"触点。

3. 类型与作用

汽车用继电器可分功能继电器和电路控制继电器两种。功能继电器如闪光继电器、刮水间歇继电器等。电路控制继电器,即单纯实现电路通断与转换的继电器,它的重要作用是减小开关的电流负荷,保护开关触点不被烧蚀,即用流经开关的小电流,控制用电装置的大电流。

继电器按外形区分有圆形和方形两种。按插脚多少分,有三脚、四脚、五脚、六脚多种。继电器由电磁铁和触点等组成,为防止线圈断电时产生的自感电动势将电子设备损坏,有的继电器磁化线圈两端并联有泄放电阻或续流二极管。

根据触点的状态不同,继电器又分为动合型、动断型和混合型三类,如图 8-24 所示。动合型继电器平时触点是断开的,继电器动作后触点接通,接通控制电路,动断继电器的触点平时是闭合的,继电器动作后触点断开,切断控制电路。混合型继电器,平时动断触点接通,动合触点断开,如果继电器线圈通电,则触点处于相反的状态。

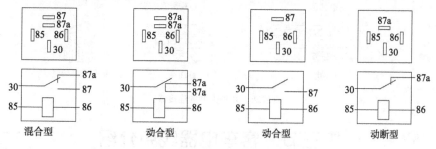

图 8-24 继电器的类型与内部示意图

继电器的工作电压分为 12V 和 24V 两种,分别应用于相应标称电压的汽车上。两种标称电压的继电器不能互换使用。

四、连接器

连接器,又称插接器,是汽车电路中简单但不可缺少的元件,线束与线束之间、线束与电气元件之间的连接采用连接器。目前大量使用的称为插接式连接器,其使用方便,连接可靠。

1. 连接器的结构

连接器分为护套和端子,护套和端子分别有插头和插座。护套是用 PE、PVC、PPE 等塑料注射或挤出成型,护套上有几个或多个孔位用以放置导线接头(压接上导线的端子);端子为铜或铁压制而成,带有倒刺,当嵌入塑料壳后自动锁止;在塑料壳上也有锁止结构,当插头和插座接合后自动锁止,防止脱开,如图 8-25 所示。在检查及更换连接器时,要注意先打开锁止机构,避免强行拉动导线。

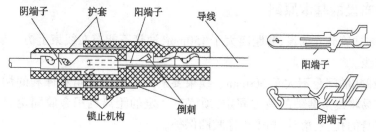

图 8-25 连接器的结构

2. 连接器的类型

连接器的种类很多,可供几条至数十条导线使用,有长方体、多边体等不同形状,图 8-26 所示为几种类型的连接器。

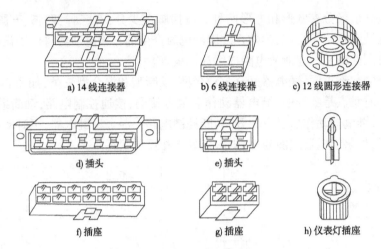

图 8-26 几种类型的连接器

第三节 客车电器线束介绍

汽车电路中的线束是按照各部位的功用和电路原理将分布在汽车各部位的电源、开关和用电设备连接成一个有机整体的导线集束。宇通客车线束一般包括主线束、顶架线束、底盘线束、后尾灯线束、发动机控制线束等，如图 8-27 所示。

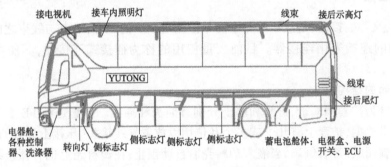

图 8-27 宇通客车电气系统线束连接图

一、线束布设的基本原则

(1) 线束与油管分开铺设，其距离大于 150mm，油管不能布在线束上方。底盘线束单独设立支撑杆布线。

(2) 塑料线扣的间距不大于 300mm。线束要避开车架的尖角和锋利的切口处，不可将线束紧贴着较易将线束磨破的地方固定，须留有一定的距离且用金属固定线夹避开固定。线束在经过车身的孔、棱角时，必须用橡胶圈保护。

(3) 线束在经过车辆的运动机构时，均有金属的线夹，且将线束固定牢靠。线束经过金属件棱角处避免干涉。线束与运动金属件不能直接接触。

(4) 线束不能与发动机高温部分(发动机排气管、缸体)相接触，间距不小于 200mm，且有隔热保护措施，以防烧坏线束。

二、客车电器线束介绍

本文将从驾驶区、前电器舱、发动机舱、后电器舱与蓄电池舱等来介绍客车电器线束的布置。

(一) 驾驶区

驾驶区线束连接除霜机、刮水器、离合器油壶、翘板开关、仪表线束、组合仪表、副仪表台、火警开关等电器元件，副仪表台上布置了空调控制面板和驻车制动阀，如图8-28所示。

(二) 前电器舱

客车的前电器舱位于驾驶室底下，内部装有前部电器控制总成、ABS、ECAS的ECU、总线模块等。ABS、仪表线束搭铁都在此处。有些豪华客车前电器舱位于左前轮上方。前置车一般位于转向盘左下方。公交车前电器舱位于仪表台右侧检修门内，内面一般只装前部电器控制总成，仪表线束搭铁也在此处，如图8-29～图8-32所示。

图8-28 驾驶区仪表台

图8-29 前电器舱电器状态1－无CAN总线

图8-30 驾驶人窗下舱体电器件状态1－威帝CAN

图8-31 驾驶人窗下舱体电器件状态2－宇通CAN

(三) 后电器舱与蓄电池舱

后电器舱与蓄电池舱一般位于后轮后舱内，左、右两边都有可能，有的车辆将后电器舱与蓄电池共用一个舱，有的与其分列左、右两边。后电器舱内面装有电源总开关盒、缓速器控制器、缓速器机械式电源总开关、预热继电器等，后电器舱内主要是电控与底盘线束，负责为车辆所有电气系统提供电源。电源开关总成负责为整车电源的通、断。蓄电池舱内面装有机械式电源总开关、蓄电池等,后蓄电池舱内主要有电缆线,如图8-33、图8-34所示。

图8-32　驾驶人窗下舱体检修翻转门

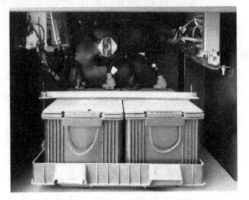

图8-33　后电器舱与蓄电池舱1

(四)发动机舱

发动机舱内装有自动灭火器、发电机、起动机、加热格栅、发动机线束等,如图8-35所示。

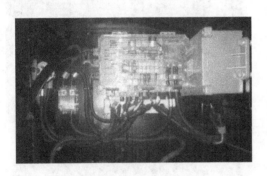

图8-34　后电器舱与蓄电池舱2

图8-35　发动机舱

(五)其他线束

缓速器线束连接主熔断丝、继电器熔断丝、继电器触点、电源开关、定子线圈等;空调线束内有空调蒸发器内线束、压缩机线束、空调压力开关、电磁离合器电缆等;暖风线束连接有加热器、散热器等;还有用户电器加、改装用电设备,主要有多媒体、报站器、监视器、GPS、IC卡、投币机、电视机等。

第四节　汽车电路图的识读

汽车电路图是利用图形符号和文字符号,表示汽车电路构成、连接关系和工作原理,而不考虑其实际安装位置的一种简图。为了使电路图具有通用性,便于进行技术交流,构成电路图的图形符号和文字符号,不是随意的,它有统一的国家标准和国际标准。

第八章 电气设备线路

一、汽车电路图常用符号

(一) 图形符号

图形符号是用于电气图或其他文件中的表示项目或概念的一种图形、标记或字符,是电气技术领域中最基本的工程语言。图形符号分为基本符号、一般符号和明细符号三种。

基本符号不能单独使用,不表示独立的电器元件,只说明电路的某些特征。如:"—"表示直流、"~"表示交流、"+"表示电源的正极、"-"表示电源的负极、"N"表示中性线等。

一般符号用以表示一类产品和此类产品特征的一种简单符号。如:表示指示仪表的一般符号,表示传感器的一般符号。一般符号广义上代表各类元器件,另外,也可以表示没有附加信息或功能的具体元件,如一般电阻、电容等。

明细符号表示某一种具体的电器元件。它是由基本符号、一般符号、物理量符号、文字符号等组合派生出来的。如:⊛是指示仪表的一般符号,当要表示电流、电压的种类和特点时,将"*"处换成"A""V",就成为明细符号,如Ⓐ表示电流表,Ⓥ表示电压表。

对标准中没有规定的符号,可以选取标准中给定的基本符号、一般符号和明细符号,按规定的组合原则进行派生,以构成完整的元件或设备的图形符号,但在图样的空白处,必须加以说明,见表8-13。将天线的一般符号和直流电动机的一般符号进行组合,就构成了电动天线的图形符号。

电动天线的组合示例　　　　　　　　　　　　表8-13

图形符号	说　　明	图形符号	说　　明
Y	天线的一般符号	Ⓜ̱Y̱ (组合符号)	电动机天线的派生符号
Ⓜ	直流电动机的一般符号		

(二) 文字符号

文字符号是由电气设备、装置和元器件的种类(名称)字母代码和功能(与状态、特征)字母代码组成。用于电气技术领域中技术文件的编制,也可标注在电气设备、装置和元器件上或其近旁,以表明电气设备、装置和元器件的名称、功能、状态和特征。此外,还可与基本图形符号和一般图形符号组合使用,以派生新的图形符号。文字符号分为基本文字符号和辅助文字符号两大类。

基本文字符号又分为单字母符号和双字母符号。单字母符号是按拉丁字母将各种电气设备、装置和元器件划分为二十三大类,每大类用一个专用单字母符号表示,如"C"表示电容器类,"R"表示电阻类等;双字母符号是由一个表示种类的单字母符号与另一字母组成,其组合形式应以单字母符号在前而另一字母在后的次序列出,如:"R"表示电阻,"RP"就表示电位器,"RT"表示热敏电阻;"G"表示电源、发电机、发生器,"GB"就表示蓄电池,"GS"表示同步发电机、发生器,"GA"表示异步发电机。

辅助文字符号表示电气设备、装置和元器件以及线路的功能、状态和特征。如"SYN"表示同步,"L"表示限制左或低,"RD"表示红色,"ON"表示闭合,"OFF"表示断开等。

(三)图形符号、文字符号的识读

对于基本的元器件,其图形符号、文字符号都是相同的,如电阻、电容、照明灯、蓄电池等。

由于目前国际上还没有汽车电气设备图形符号、文字符号的统一标准,各个汽车生产厂家对某些汽车电器所采用的图形符号、文字符号有所不同,与标准规定有一些差异,这给识读电路图造成一定困难,但图形符号基本结构的组成是相似的,只要了解它们的区别,就能避免识读错误。下面通过具体示例来说明同一元器件不同的图形符号表示方法,如图8-36~图8-38所示。

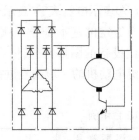
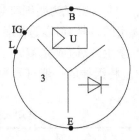

图8-36 发电机的两种不同图形符号表示方法

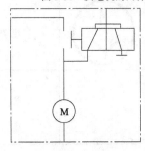
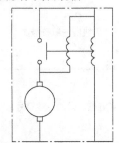

图8-37 起动机的两种不同图形符号表示方法

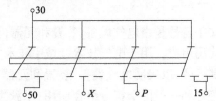

图8-38 点火开关的三种图形符号表示方法

通过上述示例可知,汽车电路图形符号目前还没有统一的标准,国产汽车制造企业大都采用电气技术行业标准,而合资汽车制造企业大都沿用国外的原标准,所以在识图过程中应不断地总结经验,找出不同的电路中采用的图形符号有哪些相同点和不同点,这样可以提高读图速度。

二、汽车电路图的类型

汽车电路图是用国家标准规定的线路符号,对汽车电器的构造、工作原理、工作过程及安装要求所作的图解说明,也包括图例及简单的结构示图。因为汽车电气元件的外形和结构比较复杂,所以采用国家统一规定的图形符号和文字符号来表示电器元件的不同种类、规格及安装方式。另外,根据汽车电路图的不同用途,可绘制成不同形式的电路图,主要有原理框图、电路原理图和线束安装图。

(一)原理框图

汽车电路比较复杂,为概略表示汽车电气系统或分系统的基本组成及其相互关系和主要特征,常采用原理框图。所谓原理框图是指用符号或带注释的框,概略表示汽车电器基本组成、相互关系及其主要特征的一种简图。原理框图所描述的对象是系统或分系统的主要特征,它对内容的描述是概略的,用来表示系统或分系统基本组成的是图形符号和带注释的框,不必画出元器件和它们之间的具体连接情况,如图 8-39 所示。

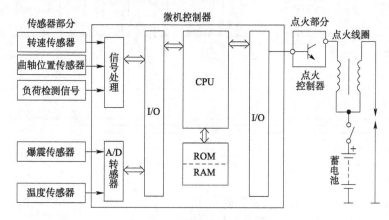

图 8-39 点火系统电路原理框图

(二)电路原理图

电路原理图根据国家颁布的有关技术标准,用图形符号、文字符号,以统一规定的方法,按工作顺序或功能布局,详细表示汽车电路的全部组成和连接关系,不考虑实际位置把电路画在图纸上的一种简图。它是电气技术中使用最广泛的一种重要的电路简图,具有电路清晰,简单明了,便于理解电路原理的特点。电路原理图重点表达各电气系统电路的工作原理,既可以是全车电路图,也可以是各系统电路原理图。图 8-40 所示为宇通客车 ZK6120HA 型客车电气系统原理图。

(三)线束图

线束图是根据电气设备在汽车上的实际安装部位绘制的全车电路图。在图上,部件与部件间的导线以线束形式出现,线束图与敷线图相似,但图面双敷线图简单明了,接近实际,对使用、维修人员适用性较强。

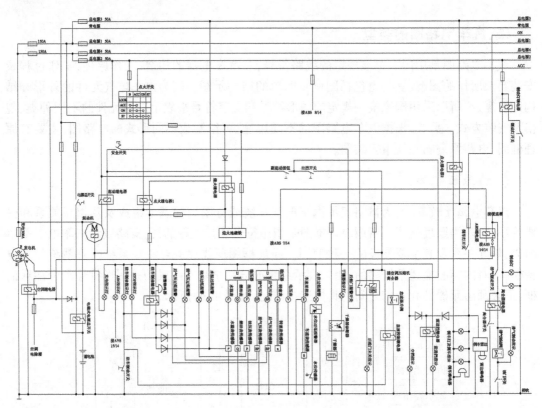
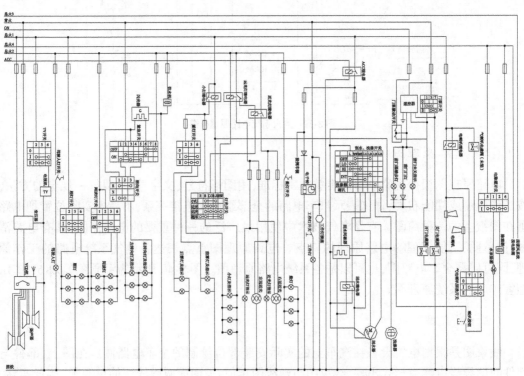

图 8-40　宇通客车 ZK6120HA 型客车电气系统原理图

线束安装图不详细描述线束内部的导线走向,只将露在线束外面的线头与接插器详细编号,并用字母标定。配线记号的表示方法突出,便于配线,各接线端都用序号和颜色准确无误地标注出来,如图 8-41 所示。

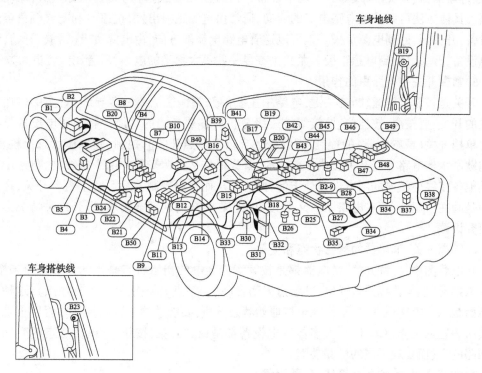

图 8-41　汽车线束图

线束图与电路原理图、敷线图结合起来使用,具有很大的参考价值。所以,现代汽车维修手册中一般都给出电路图和线束安装图。

三、电路图识读要领

识读汽车电路图应注意的几个问题。

1. 认真读几遍图注

图注是说明该客车的电气设备名称及其数码代号,通过读图注可以初步了解该车装配了哪些电气设备。然后通过电气设备的数码代号在电路图中找出该电气设备,再进一步找出相互连线、控制关系。这样就可以了解绝大部分电路的特点和构成。

2. 牢记电气图形符号

电路图是利用电气图形符号来表示其构成和工作原理的。因此必须牢记电气图形符号的含义,才能看懂电路图。

3. 熟记电路标记符号

为了便于绘制和识读客车电器电路图,有些电气装置的接线柱都赋予不同的标志代号。如:接至电源端接线柱用 B 表示。

4. 牢记回路原则

一个完整的电路由电源、熔断器、开关、用电设备、导线等组成。电流流向从电源正极出发,经过熔断器、开关、导线等到达用电设备;再经过导线(或搭铁)回到电源负极,才能构成回路。具体方法可以沿着电路电流的流向,通常由电源正极出发,按序号和配线颜色查到用电设备、开关等,回到电源负极。也可以逆着电路电流的方向,由电源负极(搭铁)开始,经过用电设备、开关等回到电源正极。尤其是查寻一些不太熟悉的电路,后者比前者更为方便。

5. 掌握开关在电路中的作用

开关是控制电路通、断的关键,电路中主要的开关往往汇集许多导线,对多层多挡多接线柱的开关,要按层、按挡位、按接线柱逐级分析其各层各挡的功能。有的用电设备受2个以上单挡开关(或继电器)的控制,有的受2个以上多挡开关的控制,其工作状态比较复杂,如间歇刮水器电路。当开关接线柱较多时,首先抓住从电源来的一两个接线柱,再逐个分析与其他各接线柱相连的用电设备处于何种挡位,从而找出控制关系。对于组合开关,在线路图中是画在一起的,而在电路图中又按其功能画在各自的局部电路中,遇到这种情况必须仔细研究识读。

6. 掌握开关、继电器的初始状态和变化

在电路图中,各种开关、继电器都是按客车未通电的初始状态画出的。如按钮未按下,开关未接通;继电器线圈未通电,其触点未闭合(动合触点)或未打开(动断触点),这种状态称原始状态。但在识图时,不能完全按原始状态分析,要能掌握电路的变化。否则很难理解电路所表达的工作原理,因为大多数用电设备都是通过开关、按钮、继电器触点的变化而改变回路的,进而实现不同的电路功能。

7. 浏览全图,框划各个系统,化整为零

要读懂汽车电路图,首先必须掌握组成电路的各个元件的基本功能和电器特征。在大概掌握全图的基本原理的基础上,再把一个个电气系统画出来,这样就容易抓住每一部分的主要功能及特性。在框画各个系统时,一般的规律是:各电气系统只有电源和总开关是公共的,其他任何一个系统都应是一个完整独立的电器回路。

8. 掌握电气装置在电路图中的位置

在汽车电气系统中,由于大量电气装置是机电合一的,如各种继电器,还有多层多挡组合开关。这些电气装置在电路表示时,厂家为了使画法即简单(便于画图)又便于识图,多根据实际情况采用集中表示法或分开表示法来反映电路的连接情况。如组合开关在电路图上就是用的分开表示法,从而就不会因为线条往返过多和交叉线过多,造成识图困难。集中表示法多用在比较简单的电路里,就是把一个电气装置的各组成部分,在图上集中绘制的方法。

9. 熟记各局部电路之间的相互关系

如上所述,汽车全车电路基本上是由电源电路、充电电路、点火电路、起动电路、照明电路、辅助电气设备电路等组成。除了电源电路共用外,其他单元电路都具有一定的独立性。因此,在识图时,不但要了解各局部电路的组成、特点、工作过程和电流流经的路径,还要了解各局部电路之间的联系和相互影响。这是迅速找出故障部位、排除故障的必要条件。

10. 先易后难各个击破

有些汽车电路图的某些局部电路可能比较复杂,可以暂时将其放下,待其他局部电路看懂后,再结合与该电路有关的信息,进一步识读这部分电路。

11. 要善于请教和查找资料

由于新的汽车电气设备不断地出现和应用在汽车上,汽车电路图的变化很大。对于看不懂的电路要善于请教有关人员,同时还要善于查找资料,直至看懂为止。

参考文献

[1] 凌晨. 汽车电气设备构造与维修[M]. 天津：天津科学技术出版社，2009.
[2] 程丽群. 汽车车身电气系统检修[M]. 北京：国防工业出版社，2011.
[3] 蒋志伟. 汽车电气拆装与维修[M]. 北京：机械工业出版社，2013.
[4] 潘承炜. 汽车电器与空调系统检修[M]. 北京：人民交通出版社，2014.